CLV

Wilhelm Busch

Unter Menschen

Kleine Erzählungen
Fünfter Band

clv

Christliche
Literatur-Verbreitung e.V.
Postfach 11 01 35 · 33661 Bielefeld

1. Auflage 2005
2. Auflage 2006

Christliche Literatur-Verbreitung
Postfach 110135 • 33661 Bielefeld
CLV im Internet: www.clv.de
früher erschienen bei Quell / Gütersloher Verlagshaus
Satz: CLV
Umschlag: Lucian Binder, Meinerzhagen
Druck und Bindung: Ebner & Spiegel, Ulm

ISBN-10: 3-89397-669-8
ISBN-13: 978-3-89397-669-0

Inhalt

Der Hut

In meiner Heimatstadt Frankfurt am Main war eine große jüdische Gemeinde. Die zog uns als Jungen merkwürdig an. Es lag etwas Geheimnisvolles über dieser fremden Welt. Einmal durften wir sogar einen alten Rabbiner besuchen, der in einem der verwinkelten, sehr schmalen Häuschen der Frankfurter Altstadt wohnte. Da zeigte er uns ein genaues Modell des salomonischen Tempels, das er in jahrelanger Arbeit angefertigt hatte. Während er uns alles erklärte, spürten wir Jungen etwas von der Sehnsucht dieses zerstreuten Volkes nach dem Heiligtum Gottes.

So ist es nicht verwunderlich, dass wir eines Tages am Sabbat in die Altstadt zogen, um an einem der geheimnisvollen Gottesdienste teilzunehmen.

Aber leider ergab sich nun eine Schwierigkeit. Die Juden halten es umgekehrt wie wir: Wir nehmen in der Kirche den Hut ab; in der Synagoge dagegen darf kein Mann erscheinen, ohne dass er einen Hut auf dem Kopf hat.

Wir Jungen aber trugen keine Hüte. Es war für uns damals geradezu Ehrensache, ohne eine Kopfbedeckung herumzulaufen.

Da standen wir nun vor der Synagoge. Und ein kleiner, alter, ernster Mann erklärte uns, dass wir ohne Hut auf keinen Fall die Synagoge betreten könnten.

Hier war guter Rat teuer. Umkehren mochten wir nicht. Schließlich hatten wir diese Expedition doch lange besprochen und geplant. Sollte sie nun so kläglich scheitern?

Der kleine, alte, bärtige Mann sah, dass es uns ernst war mit dem Besuch der Synagoge und dass es sich nicht nur um einen spaßigen Einfall handelte. So trat er noch einmal zu uns und erklärte, er könne uns für die Dauer des Gottesdienstes Hüte vermieten, wenn wir ihm für jeden Hut einen Groschen Miete bezahlen wollten.

Da wurde große Kassenrevision gehalten. Und als sich herausstellte, dass genug Geld vorhanden war, gingen wir auf den Handel ein.

Der Mann brachte die Hüte. Ich denke, es waren abgelegte Kopfbedeckungen der vielen, vielen Rabbis, die hier gewirkt hatten: große, breitrandige, schwarze Deckel. Es war gut, dass wir Ohren am Kopf hatten, sonst wären uns die Hüte über das Gesicht gerutscht.

Aber mit den schwarzen Hüten kam eine feierliche Stimmung über uns. So betraten wir die Synagoge. Andächtig machten wir den Gottesdienst mit. Und beim Ausgang gaben wir die Gottesdienst-Hüte wieder ab. – Seitdem habe ich oft an diese Hüte denken müssen. Wenn ich unsere lieben Christenleute im Gottesdienst sehe, machen sie alle einen so frommen und gottgefälligen Eindruck. Und sie singen die Glaubenslieder, in denen sie versichern, dass nichts sie vom Herrn Jesus trennen könne, auch wenn die Welt unterginge. Sie haben gleichsam feierliche Glaubenshüte auf.

Aber wenn der Gottesdienst zu Ende ist, geben sie den Glaubenshut schnell ab. Dann sind sie wie alle anderen Leute: Sie zanken und streiten, sie dienen dem Mammon, sie folgen ihren Lüsten, und sie vergessen ganz den Heiland, der für sie starb. Sie leben ihren Alltag ohne den Erlöser. Das ist schlimm.

Wir sollten unseren »Glaubenshut« auch außerhalb des Gottesdienstes tragen.

»Welt ging verloren ...!«

Es war im Jahre 1915. Als blutjunger Kriegsfreiwilliger stand ich an der Front. Wir lagen am Kanonberg in der Champagne in einer trostlos zerstörten Gegend.

Am Tag vor Weihnachten kam Post. Ich kriegte auch ein Päckchen. Unter allerlei lieben Gaben war da ein gelber Wachsstock. »Kinder, wir machen uns einen Weihnachtsbaum!«, hieß es, als man den Wachsstock in meiner Hand sah.

Am Morgen des Heiligen Abends zog ich mit meinen Kameraden los, um einen Weihnachtsbaum zu suchen. Wie glücklich waren wir, ein kleines grünes Sträuchlein zu finden! Mit großer Liebe pflanzten wir es in eine Konservenbüchse. Mit mehr Geduld als Geschick wurde der Wachsstock zerschnitten und jedes Lichtlein mit einer Stecknadel an einen Zweig gespießt.

Und dann kam der Heilige Abend. Draußen war es ruhig. Nur hier und da bellte ein verlorener Schuss durch die Nacht. Jetzt sollte unsere Feier losgehen.

Ach, sie missriet völlig! Am Nachmittag war uns eine große Korbflasche Schnaps geliefert worden. Diesem Gift hatten die Männer schon kräftig zugesprochen, so dass ein böser Geist herrschte. Ich versuchte zu retten, was zu retten war. Die Kerzen wurden angesteckt, und ich bat: »Lasst uns ein Lied singen!« Da war nun einer, der wollte uns mit dem Lichterbäumlein knipsen. Bis der endlich alles aufgebaut hatte, waren die kleinen Kerzen ausgebrannt. Dafür war der Unterstand voll beißenden Qualms vom Blitzlicht.

Ach, es missriet alles! Warum? Ich denke heute, wir waren alle heimwehkrank an dem Abend.

Kurz, es war trostlos. Und ich lief schließlich in Zorn und Schmerz aus dem Unterstand.

Draußen umfing mich sternhelle Nacht. Weiß leuchtete die aufgewühlte, zerschossene Kalkerde. Armes Land! Hier waren einst reiche Felder und Gärten. Dort unten in der Mulde hatte ein Dorf gelegen. Jetzt zeugten nur noch einige kahle Obstbäume davon. Selbst die Trümmer waren verschwunden, zum Straßenbau verwendet worden. Vor zwei Jahren hatten dort fröhliche Menschen Weihnachten gefeiert. Wo sind sie nun, die Heimatlosen?

Da höre ich ein Geräusch. Aus dem Offiziersunterstand, der ein paar Schritte nebenan liegt, kommt jemand heraus. Er sieht mich nicht, weil ich im Schatten stehe. Aber ich kann ihn deutlich erkennen. Es ist ein Oberleutnant, der mir immer mächtig imponiert hat. Lange steht er und schaut in die trostlose Nacht. Sieh, denke ich, dem geht's wie mir. Im Offiziersunterstand sind sie wohl auch alle betrunken. Und jetzt geht auch ihm der ganze Jammer des Krieges auf, dass er ihn fast nicht mehr ertragen kann.

Doch – was hat er denn da? Er zieht unter seinem Umhang ein blitzendes Horn hervor, setzt es an die Lippen. Und nun klingt es unendlich weich und seltsam über das zerschossene, zerstörte Tal:

»O du fröhliche, o du selige,
gnadenbringende Weihnachtszeit …«

Sein Blasen zwingt mich förmlich, den Text leise mitzusprechen. Und alles empört sich in mir. »Nein! Nein!«, schreit mein Herz. Es ist nicht wahr! Hier ein zerstörtes Dorf. Jedes verwüstete Haus ein Strom von Herzeleid. Und dort die trunkenen, heimwehkranken Männer.

Und zu Hause die weinenden Frauen, Kinder, die nach ihren Vätern rufen – Blut, Sterben, Jammer … Wie kannst du so blasen: »O du fröhliche …?« Aber er bläst ruhig weiter. Und es klingt klagend:

»Welt ging verloren …«

Ja, denke ich, das ist nun ganz und gar wahr. So habe ich das noch nie empfunden und gesehen.

»Christ ist geboren …«, bläst er in meine Gedanken hinein. So hell, so jubelnd, so schmetternd, dass ich aufhorche.

»Christ ist geboren!
Freue, freue dich, o Christenheit!«

Da fällt es mir wie Schuppen von den Augen: Das ist Weihnachten, das und nichts anderes:

»Welt ging verloren – Christ ist geboren!
Freue dich, o Christenheit!«

Der Brief aus der Heimat

Das Bähnlein ratterte durch die Nacht in die Berge hinein.

In fürchterlichem Gedränge saß ich neben meiner Mutter und überlegte mir, ob ich ihr wohl sagen solle, was mich bedrückte. Sie hatte mich in Tübingen abgeholt, wo ich Theologie studierte. Und nun fuhren wir zusammen zur Schwäbischen Alb.

Schließlich fasste ich mir ein Herz. »Weißt du, Mama, ich habe gar keine rechte Freude mehr an der Bibel. Ich finde da so viele unverständliche und schwere Dinge. Es sind so viel Widersprüche und Unbegreiflichkeiten, die dieses Buch für einen Modernen doch reichlich ungenießbar machen.«

Meine Mutter lacht hell auf: »Das liegt daran, dass du die Bibel ganz verkehrt liest.«

Etwas beleidigt fahre ich auf, so dass ein Mann neben uns erstaunt die Zeitung sinken lässt.

»Ja, wie soll ich sie denn lesen? Ich lese sie im hebräischen und griechischen Urtext. Ich lese Kommentare. Ich höre Vorlesungen ...«

Die Mutter legt mir beschwichtigend die Hand auf den Arm: »Ich will dir mal ein Beispiel erzählen. Weißt du noch, wie du im Krieg fast zwei Jahre lang ununterbrochen im Feld warst, ohne dass du einen Urlaub bekamst? Ich schrieb dir damals regelmäßig von den Ereignissen zu Hause. Und dann kam eines Tages ein Brief von dir, den ich nicht vergessen habe. Du schriebst: ›Ich höre in euren Briefen von Lebensmittelkarten, von Hamstern, von Schlangestehen. Ich verstehe das alles nicht. Hat sich denn bei euch alles so verändert?‹ Und dann kam der Satz, der mich so sehr bewegt hat: ›Wie lange und wie weit bin ich von euch weg, dass ich die Briefe aus der Heimat gar nicht mehr verstehen kann!‹«

Ich nickte. »Ja, ja, ich kann mich erinnern. Aber was hat das mit der Bibel zu tun?«

»Siehst du«, fährt die Mutter fort. »Du hast damals nicht gesagt: ›Die Briefe meiner Mutter sind für mich modernen Menschen ungenießbar.‹ Du hast auch nicht gesagt: ›In den Briefen meiner Mutter stehen Widersprüche und unsinnige Dinge.‹ Du hast nur einfach gesagt: ›Wie lange und wie weit bin ich von zu Hause weg, dass ich die Briefe aus der Heimat nicht mehr verstehen kann!‹«

Ich beginne zu begreifen. Aufmerksam höre ich der Mutter zu.

»Die Bibel ist auch ein Brief, mein lieber Sohn. Sie ist ein Brief des lebendigen Gottes aus der ewigen Heimat – an dich geschrieben. Wenn du diesen Brief nicht mehr verstehen kannst, darfst du die Schuld nicht bei dem Brief suchen. Es liegt an dir selbst. Du musst sagen: ›Wie entsetzlich weit bin ich von meinem himmlischen Vater weggekommen, dass ich seinen Brief nicht mehr verstehen kann! Jetzt will ich mich recht hineinvertiefen, und ich will recht um den Heiligen Geist bitten, damit ich den Brief aus der Heimat verstehen lerne.‹«

Von da an war es zwischen uns sehr still, bis das Bähnlein in Urach hielt. Aber den Rat der Mutter habe ich nicht mehr vergessen. Er hat mir den Weg in die Bibel hinein gezeigt.

Das Lied

Als ich kürzlich über den lauten und belebten Platz am Essener Hauptbahnhof ging, sah ich ein Trüpplein junger Leute in der Uniform der Heilsarmee, die unbekümmert zu Gitarrenklang ihre Jesus-Lieder sangen. Um sie herum stand ein Häuflein Leute, die andächtig zuhörten.

Da fiel mir ein kleines Erlebnis ein, wie solch ein Lied mich einmal aus der tiefsten Niedergeschlagenheit herausgeholt hat. Obwohl es schon lange zurückliegt, stand die Szene wieder in allen Einzelheiten vor mir:

Ich war damals Hilfsprediger in einem Randbezirk von Bielefeld. Dort herrschte ein unbeschreiblicher geistlicher Tod. Aber das Evangelium fing an, seine Kraft zu erweisen. Es regte sich allerlei.

Aber sofort kamen auch die Widerstände. Und gewiss habe ich vieles dumm und verkehrt angefangen. So war ich bald in aufregende Kämpfe verwickelt. Und dabei stand man so allein, so ohne Anleitung und Erfahrung. Und gerade da, als ich alle Kraft gebraucht hätte, meldete sich meine Kriegsverwundung. Ich bekam entsetzliche Rückenschmerzen. Die wurden allmählich so quälend, dass ich nicht mehr aufrecht gehen konnte. Am besten kam ich noch vorwärts, wenn ich auf meinem Fahrrad saß.

An einem glutheißen, staubigen Sommertag fuhr ich einmal in die Stadt. Das Herz war mir so schwer. In meinem Bezirk hatte ich einige starke Rückschläge erlebt. Es sah aus, als wenn der geistliche Tod doch triumphieren sollte. Und ich selbst war so elend! Wenn ich vom Rad stieg, knickte ich jedes Mal unter scheußlichen Schmerzen zusammen. Es war doch unmöglich, dass Gott mit einem so elenden, ungeschickten Werkzeug seine Schlachten schlagen sollte.

Während ich müde und verzagt dahinfuhr, hörte ich auf einmal Gesang. Er kam aus dem offenen Fenster einer Kneipe. Aber – es klang nicht wie das Geschrei Betrunkener.

Ich wurde neugierig, was das wohl für ein Gesang sei. Darum fuhr ich ganz langsam, reckte mich auf meinem Radsattel hoch, so dass ich in die weit geöffneten Fenster sehen konnte.

Da stand, mitten zwischen ein paar müden, stumpfen Biertrinkern, ein Häuflein Heilsarmee-Soldaten und sang.

Und gerade in diesem Augenblick hörte ich den Refrain eines Liedes, das ich damals nicht kannte. Er hieß:

»O dass du könntest glauben,
du würdest Wunder sehn.
Es würde dir dein Jesus
allzeit zur Seite stehn …«

Die Biertrinker sahen gar nicht auf. Aber mir, dem müden, verzagten Streiter Jesu Christi, war es, als hätte mein Heiland selbst gesprochen. Ja, das war's! Darauf kam es an! »O dass du könntest glauben, du würdest Wunder sehn. Es würde dir dein Jesus allzeit zur Seite stehn.«

Fröhlich und getröstet fuhr ich weiter. Wieder einmal hatte ich das erlebt, was David im 23. Psalm sagt: »Er erquicket meine Seele.«

Ja, unser Herr kennt seine Leute und verschafft ihnen immer im rechten Augenblick einen Trunk frischen Wassers. Und wie dieses frische Wasser einst in der Wüste aus einem Felsen kam, so kam es mir aus einer dumpfen Bierkneipe.

Die Heilsarmeeleute hatten mich gewiss nicht gesehen. Und später habe ich gedacht, ich hätte ihnen doch die Hand geben und ihnen sagen sollen, wie sehr ihr Lied bei mir eingeschlagen hatte. Denn – wer weiß – vielleicht waren sie gerade auch ein wenig mutlos geworden über der Stumpfheit der Zecher, denen sie hier so vergeblich sangen. Leider habe ich sie nicht angesprochen. Darum will ich aber diese Geschichte hier zur Ermunterung der Zeugen Jesu berichten. Gottes Wort wird »nicht leer zurückkommen«, sondern ausrichten, was dem Herrn gefällt. Und manches Samenkörnlein fällt dahin, wo wir es gar nicht vermuten.

Zu spät

Das ist schon sehr lange her. Ich war noch ein junger Hilfsprediger in einer westfälischen Stadt. Aber obwohl ich seither viel erlebt habe, kann ich jene unheimliche Nachtstunde nicht vergessen.

Es lebte damals in meinem Pfarrbezirk ein Mann in mittleren Jahren, der bei jeder Gelegenheit das Christentum, die Kirche und auch mich grausam lästerte und verhöhnte. Als ich davon hörte, beschloss ich, ihn aufzusuchen.

Selten habe ich einen so erfolglosen und traurigen Hausbesuch gemacht. Der Mann war für jedes ruhige Gespräch unzugänglich. Lachend sagte er: »Geben Sie sich nur keine Mühe mit mir! Ich habe den Schwindel längst durchschaut. Ihr Pfarrer seid entweder selber dumm oder aber – ihr seid von irgendwelchen Mächten angestellt, die Leute dumm zu machen.«

»Gott lebt!«, erwiderte ich. »Und Sie selbst werden einmal vor ihm stehen.«

Schallend lachte er mich aus: »Das ist so ein Hauptwitz von euch Pfarrern, dass ihr den Leuten Angst macht mit dem, was nach dem Tod kommt.«

»Nun«, entgegnete ich, »das ist auch eine ernste Frage. Das begreifen Sie vielleicht eines Tages, wenn es ans Sterben geht.«

Da wurde er plötzlich ganz feierlich und erklärte: »Hören Sie gut zu: Niemals – noch einmal: Niemals werde ich Sie brauchen. Ich gehöre nicht zu den armseligen Leuten, die im Sterben auf einmal nach Gott rufen. Ich kann und werde ohne Sie sterben. Sterben ist die natürlichste Sache der Welt. Jede Pflanze hat einmal ausgeblüht. Und genauso geht es dem Menschen. Natürliche Vorgänge brauchen nicht so ein Brimborium, wie ihr es um das Sterben anzustellen beliebt.«

Ich ging. Dieser Mann war eisern entschlossen, ohne Gott zu leben und ohne Gott zu sterben. Hier war mein Dienst zu Ende. –

Doch da irrte ich mich. Es war etwa ein Jahr später. Da schellte es mitten in der Nacht an meiner Wohnungstür. Draußen stand die Frau dieses Mannes und bat mich aufgeregt, mit ihr zu kommen. Ihr Mann sei seit einiger Zeit krank. Und nun habe der Arzt keine Hoffnung mehr. Es gehe mit ihm zu Ende.

Ich wehrte ab: »Liebe Frau! Ihr Mann hat mir ausdrücklich gesagt, er wolle mich nicht an seinem Sterbebett sehen. Ich hätte damals nicht gedacht, dass diese Lage so bald eintreten würde. Aber – ich kann doch nicht zu ihm gehen, wenn er mich unter keinen Umständen sehen will.« Darauf rief die Frau mit Zittern: »Kommen Sie schnell! Er hat mich ja selber nach Ihnen geschickt. Er sagt immerzu: Der Pfarrer hat doch

Recht gehabt! Der Pfarrer hat doch Recht gehabt!«

So machte ich mich schnell fertig und ging mit. Aber – ich kam zu spät. Der Mann war schon besinnungslos. Wohl sagte ich leise einige Bibelworte in seine Bewusstlosigkeit hinein von dem »Blut Jesu, das uns rein macht von aller Sünde«. Aber ich hatte nicht den Eindruck, dass er sie vernahm. So ist er gestorben.

Ich fror, als ich in der Morgendämmerung nach Hause ging. Nicht nur die Kühle des jungen Tages machte mich frösteln. Meine Seele war voll Traurigkeit. Und auf einmal verstand ich ganz neu das gewaltige Gebet des großen Mannes Mose: »Herr, lehre uns bedenken, dass wir sterben müssen, auf dass wir klug werden.«

Die Schallplatte im Kopf

Unter Christen und Heiden, unter Nationalsozialisten und Marxisten findet man oft Leute, bei denen man den Eindruck hat: Irgendwann ist ihnen eine Schallplatte ins Gehirn montiert worden. Und wenn man auf einen Knopf drückt, dann surrt die Platte ab. Dann kommen die eingelernten Worte und Phrasen. Da hört man nicht mehr auf den anderen. Da rasselt es nur so von eingetrichterter Weisheit.

Ich meine, wenn ein Mensch eine Überzeugung gewonnen hat, dann muss er sie doch in seinen eigenen Worten sagen können und nicht in einstudierten Phrasen. Aber nun will ich erzählen, wie ich einmal solch eine Schallplatte kaputtgeschlagen habe.

Es war zur Zeit der Inflation nach dem Ersten Weltkrieg, als das Geld jeden Tag mehr seinen Wert verlor und eine Dose Streichhölzer schließlich Millionen kostete.

Ich war ein armer Hilfsprediger, der sein Gehalt immer erst dann bekam, wenn das Geld schon entwertet war. Und ich habe damals mit meiner jungen Frau manchmal rechtschaffen gehungert.

Dagegen hatten es die Arbeiter, die in meinem Bezirk wohnten, sehr gut. Sie waren meist Facharbeiter in einer großen Fahrradfabrik. Jeden Tag bekamen sie ihren Lohn in funkelnagelneuen Scheinen ausbezahlt und konnten schnell einkaufen, ehe das Geld seinen Wert verlor. Und außerdem hatten sie alle einen Schrebergarten und mindestens ein Schwein, das im Herbst geschlachtet wurde.

Weil sie nicht zu mir in die Kirche kamen, ging ich zu ihnen. Von Wohnung zu Wohnung machte ich meine Besuche.

So fand ich eines Tages einen Mann nach Feierabend in seiner Küche vor. Er schnitt gerade dicke Schinkenstücke in kleine Würfelchen, wie die Westfalen den Schinken zu essen pflegen.

Mir lief das Wasser im Mund zusammen. Aber ich ließ mir nichts anmerken. Höflich begrüßte ich den Mann. Der aber war sehr kühl. Kaum bot er mir einen Stuhl an. Und dann kam es:

Er sei ja nicht für die Kirche und für das Christentum. Gewiss, aus der Kirche wolle er nicht austreten – wegen seiner Frau und seiner Kinder –, aber ihm dürfe man mit der ganzen Sache überhaupt nicht kommen. Allerdings, es sei vielleicht gar nicht übel, dass einmal ein Pastor zu ihm komme – übrigens, solange er hier wohne, habe noch nie ein Pastor ihn besucht – aber das nur nebenbei! – Da jetzt gerade mal ein Pastor da sei, könne er sich ja mal vom Herzen reden, was er gegen die Kirche und die Pfarrer hatte.

»Bitte! Bitte!«, sagte ich ziemlich erschrocken. »Es wird für mich wertvoll sein, zu hören, was so ein Mann gegen die Pfarrer hat und gegen das Christentum.«

Ja, ja, das wolle er jetzt schon mal sagen. Die Kirche, die sei gegen die Aufklärung der Massen, die wolle die Leute dumm machen. Und warum?

Bloß damit die Kapitalisten sie besser ausbeuten könnten. Und überhaupt: Es sei ja klar, dass die Pfarrer mit den Kapitalisten unter einer Decke steckten. Ja, die Kirche sei eigentlich am meisten schuld an der Verelendung der Massen. Die Pfarrer, die pflegten sich und mästeten sich, während die Verelendung der Massen immer weiter um sich greife …

So ging das in immer neuen Variationen. Und nach jedem zweiten Satz schob er sich ein Stück Schinken in den Mund.

Und ich saß da –, der Hunger nagte schmerzhaft in meinen Eingeweiden, seitdem ich den Mann vor mir Speck essen sah. Und während ich gegen den Neid ankämpfte, erfuhr ich, dass ich also an der Verelendung der Massen schuld war.

»Jawohl! Die Pfarrer sind schuld an der Verelendung der Massen!«, schrie der Mann schließlich, als habe er eine Versammlung vor sich. Dann sah er mich vorwurfsvoll an, mich »gemästeten Vertreter einer blutsaugerischen Kirche« – richtig bitter sah er mich an, dieser Vertreter der elenden Klasse. Und nachdenklich schob er ein weiteres Stück Schinken in seinen Mund.

Da war es um mich geschehen. Da war meine Geduld restlos erschöpft. »Mann!«, sagte ich zornig. »Jetzt geben Sie mir erst mal ein Stück von Ihrem Schinken her! Ich habe seit heute Morgen nichts zu essen bekommen. Wer ist denn hier eigentlich verelendet? Sie doch nicht! Wenn einer, dann ich, der ich mein Gehalt bekomme, wenn's nichts mehr wert ist, und der wirklich jetzt Hunger hat.«

Der Mann wurde richtig bleich. Erschrocken setzte er sich hin und hörte mir zu, als ich ihm weiter in aller Ruhe erklärte, dass seine herrliche Versammlungsrede hier jedenfalls sehr fehl am Platze sei.

Am Schluss mussten wir beide lachen.

Aber dann war doch etwas unendlich Wichtiges geschehen: Die Phrasen-Schallplatte war zerbrochen. Und nun konnten wir miteinander reden wie zwei Männer, die sich etwas zu sagen haben.

Beinahe hätte ich Prügel bekommen

»Freidenker-Versammlung am Kesselbrink! Kommt alle! Es spricht … Freie Aussprache!« – So schrien rote Plakate von allen Ecken und Mauern.

Es waren aufgeregte Zeiten damals um das Jahr 1925 herum. Es begann so langsam, dass politische Versammlungen in Form von »Saalschlachten« abgehalten wurden. Und nun erst eine weltanschauliche!

Es war mir, dem Hilfsprediger in einem völlig marxistischen Bezirk, klar, dass ich dort am »Kesselbrink« all die Männer finden würde, die ich sonntags in meiner Kirche vergeblich suchte. Also musste ich auch dorthin! Ein riesiger, überfüllter Saal! Tabaksqualm! Stimmengesumm! Ich drängte mich ganz nach vorn und fand erstaunlicherweise noch einen Stuhl in der ersten Reihe. Die Männer um mich herum waren offenbar freidenkerische Prominenz. Sie schauten mich jedenfalls sonderbar an. Und ähnlich wie mir muss dem Daniel in der Löwengrube zumute gewesen sein.

Dann klingelte der Vorsitzende. Der Redner hielt einen langen Vortrag, der nichts Neues brachte. Das Übliche: Als die Menschen noch nichts wussten von den Geheimnissen der Natur, da erklärten sie sich alles, was ihnen unheimlich war, so, dass sie sagten: Das sind die Götter. Wenn es donnerte und blitzte, dann waren da eben die Götter am Werk. Aber nun sind wir aufgeklart. Alle Geheimnisse sind enthüllt. Damit können wir auf die Hilfskonstruktion des Glaubens verzichten. Es ist die Schuld der Kirchen, dass sie den Menschen auf dem geistigen Stand der Steinzeit festnageln wollen.

Es war sehr unruhig im Saal. Schließlich kannte ja jeder diese Weisheiten.

Aber darauf folgte die Diskussion. Da wurde es interessant. Die verschiedenartigsten Geister kamen zu Wort. Die Gemüter erhitzten sich. Immer häufiger erschollen Zwischenrufe, wütendes Gebrüll oder schallendes Gelächter.

Ich hatte mir schon längst eine kleine Rede zurechtgelegt. Immer wieder erhob ich die Hand. Längst lag mein Meldezettel auf dem Vorstandstisch. Aber ich wurde einfach übergangen.

Und dann geschah es: Ein alter Freidenker ergriff das Wort. Ich glaube, dass er ein ganz großartiger Bursche war. Denn er sagte nicht die üblichen, abgedroschenen Phrasen. Offenbar hatte er einiges vom Evangelium gehört und sich seine eigenen, ungefügen Gedanken darüber gemacht. Das machte die Versammlung noch unruhiger.

Jetzt rief er: »Das ganze Christentum ist doch voller Widersprüche! Immer sagen diese Christen, sie seien Sünder. Und dann wieder erklären sie, sie hätten ein ganz besonders gutes Verhältnis zu ihrem Gott. Eins kann doch nur richtig sein …«

Ein paar junge Burschen heulten: »Aufhören!« Irgendwo wurde schallend gelacht. Der Vorsitzende klingelte und rief: »Ruhe!«

Das war der Augenblick, wo bei mir innerlich etwas explodierte. Der Zorn über all die dummen Reden und erst recht über die Lästerungen, der Ärger darüber, dass hier ein Mann ausgelacht wurde, der die entscheidende Frage des Evangeliums begriffen hatte: wie man Sünder sein kann und doch ein Kind Gottes, der Unmut darüber, dass man mich nicht hatte zu Wort kommen lassen –, das alles führte zu einer inneren Explosion. Ich sprang auf und rief, so laut ich konnte: »Das Blut Jesu Christi, des Sohnes Gottes, macht uns rein von aller Sünde!« So! Jetzt hatte wenigstens der Redner seine Antwort. Aber ich hatte keine Sekunde Zeit, mich darüber zu freuen; denn im nächsten Augenblick war der ganze Saal ein tobender Hexenkessel. Ich sah in aufgerissene Mäuler, erblickte geschwungene Fäuste, hörte tobendes Geschrei. Ein wilder Mensch sprang auf mich zu und erhob die Arme zum Schlagen … Es ging alles so schnell, mein Herzschlag setzte einen Augenblick aus vor Schreck. Dann – ja, dann geschah etwas Merkwürdiges: Ich fühlte, wie ein starker Mann mich in seine Arme riss. Ich wollte mich wehren. Aber er flüsterte mir ins Ohr: »Seien Sie jetzt ganz still! Machen Sie keinen Mucks!« Dann hatte er keine Zeit mehr für mich. Buchstäblich deckte er mich mit seinem Leib, während er den Anstürmenden mit harten Worten befahl, von mir abzulassen.

Erst nachträglich erfuhr ich: Er war ein großer Mann bei den Freidenkern. Und offenbar ein kluger Mann, der sich sagte: »Wenn hier dieser kleine Pastor zusammengehauen wird, dann ist es für ihn eine gute Reklame, für uns aber eine schlechte.«

Lange hielt er mich an sich gedrückt, bis es wieder ruhig geworden war. Dann ließ er mich los. Etwas benommen verließ ich den Saal.

In der Bibel steht: »Er hat seinen Engeln befohlen über dir, dass sie dich auf den Händen tragen und du deinen Fuß nicht an einen Stein stoßest.« Daran habe ich immer geglaubt. Aber dass mein Herr sogar führende Atheisten zu seinen Engeln machen kann –, das allerdings habe ich erst an jenem Abend gelernt.

»Der aufschließt …«

Es war die Zeit, in der es politisch wild zuging. Stahlhelm, die Eiserne Front, die Nazis und die Kommunisten hatten uniformierte Parteischaren, die sich in heißen »Saalschlachten« bekämpften.

Da ging ich einmal etwas müde und verzagt durch die Straßen. Ich war junger Pfarrer in einem ganz marxistischen Bezirk von Essen. Die Menschen waren so verbittert und fanatisiert, dass sie das Wort von Jesus gar nicht hören konnten. Ich war sehr einsam und verlassen inmitten dieser dicht bevölkerten Mietskasernen.

Ein paar Schritte vor mir gingen zwei junge Männer. Der eine trug die graue Uniform des »Rot-Front-Kämpfer-Bundes«. Ich sah die beiden in lebhafter Diskussion. Und dann musste ich seufzen: »Wie kann man denn wohl an solche Burschen herankommen?« Und der nächste Gedanke war schon: »Warum sollte Gott nicht das Wunder tun und mir eine offene Tür bei solchen Menschen schenken?! Er sagt doch selbst in der Offenbarung: ›Ich bin der, der aufschließt, und niemand schließt zu.‹« So bat ich meinen gegenwärtigen Herrn: »Ach, Herr, lass mich doch deine Wunder sehen und schließe mir bei diesen Leuten die Tür auf!« Ich hatte allerdings keine Ahnung, wie das geschehen sollte.

Dann ging ich rascher. Ich überholte die beiden. Im Vorbeigehen hörte ich, wie der Mann in der Uniform den anderen fragte: »Hast du nichts zu lesen für mich?« Ich wurde fröhlich. Da war ja die offene Tür! Schnell drehte ich mich um und sagte: »Wenn du was zum Lesen willst, komm doch zu mir!«

Erstaunt musterte er mich. Dann fragte er misstrauisch: »Wer bist du denn?«

»Ich bin ein Pfarrer!«

Er lachte: »Ich bin auch ein Pfarrer!«

»Mensch, rede doch keinen Unsinn! Du bist doch kein Pfarrer!«

Er lachte lauter: »Sollen wir wetten?«

Na, und dann stellte sich heraus, dass er Pfarrer hieß. Willy Pfarrer.

»Und ich heiße Willy und bin Pfarrer!«

Es sah aus, als ob sich ein munteres Gespräch entwickeln wollte.

Da starrte er mich auf einmal entgeistert an, geradezu erschrocken. Dann sagte er: »Wann kann ich morgen zu Ihnen kommen?«

Ich nannte eine Zeit, und er versprach zu kommen. Dann ging er schnell weg. Ich merkte ihm eine seltsame Erregung an.

Am nächsten Tag saß er in meinem Zimmer. Und er erzählte:

»Im vorigen Jahr kam ich mal morgens am Weberplatz vorbei. Da strömten eine Menge Menschen in die Kreuzeskirche. Viele Männer feierlich mit dem Kalabreser auf dem Kopf. ›Nanu‹, dachte ich, ›da ist doch was los!‹ Neugierig ging ich die Stufen hinauf, um mal in die Kirche hineinzusehen. Aber da kam schon ein Schwall von Menschen und drückte mich nach vorn. Du liebe Zeit! Wie lange war ich schon in keiner Kirche mehr gewesen! Warum also sollte ich mich nicht mal ein bisschen umsehen? Das Ende vom Lied war, dass ich eingekeilt ganz vorn im Mittelgang stand. Und als ich wieder hinauswollte, fing die Orgel an, und die Leute sagten, ich solle doch still sein. So kam's, dass ich wider Willen einen Gottesdienst mitmachte.«

»Nun, und wie gefiel dir das?«, warf ich ein. Mir war während seiner Schilderung klar geworden, dass er von meinem Einführungs-Gottesdienst erzählte. Und das war mir nun – offen gestanden – sehr peinlich. An diesen Gottesdienst dachte ich nicht gern zurück. Da habe ich nämlich die kümmerlichste Predigt meines Lebens gehalten. Wie das so kommt: Am Tag vorher war der Möbelwagen eingetroffen, und ich hatte die halbe Nacht hindurch meine Bücherei geordnet. Ich war ja erst 27 Jahre, jung und voller Hoffnung, dass mir im rechten Moment schon was einfallen würde.

Ich sah im Geist die voll gedrängte Kreuzeskirche wieder vor mir: Um den Altar standen die Fahnenträger von ungezählten Vereinen. Pfarrer im Ornat, Presbyter, Orgel, lange Liturgie. Dann sprach einer. Und dann noch einer. Und noch einer. Schon waren eine und eine weitere halbe Stunde vergangen. Die Fahnenträger wackelten bedenklich. Es fehlte in der überfüllten Kirche an Sauerstoff. Und dann musste ich auf die Kanzel.

Die Leute waren schon so müde! Und mir stach ein Sonnenstrahl genau in die Augen, so dass ich kaum etwas erkennen konnte. Da kann man wohl verstehen, dass das bisschen, das zu sagen ich mir vorgenommen hatte, mir auch noch entschwand. Recht unglücklich stand ich auf der Kanzel und war froh, als ich wieder unten war.

Als ich mich setzte, meinte meine liebe junge Frau: »An der Predigt kann man sich nur schämen!«

Ja, so war das damals. Und nun sitzt da vor mir ein junger, kluger Kommunist und erzählt mir, dass er »wider Willen« in diesen Gottesdienst geraten ist. Jetzt werde ich also zum zweiten Mal hören, welch erbärmlicher »Zeuge« ich da gewesen bin. Aber – dann gehen mir die Augen über, als der Mensch weitererzählt. Er hat keine Ahnung, was mich bewegt, als er berichtet:

»Da stand ich also und war verzweifelt. Denn die Sache nahm und nahm kein Ende. Und als dann noch mal einer auf die Kanzel stieg, wollte ich mir den Ausgang erzwingen, ganz egal, was draus würde. Doch dann sah ich, dass der da auf der Kanzel ein ganz junger Mann war in meinem Alter. ›Den hörst du dir an‹, sagte ich mir. ›Bin doch gespannt, was der weiß!‹ Und dann – ja, dann hat die Rede bei mir eingeschlagen, wie noch nie etwas eingeschlagen hat.

Ich weiß nicht mehr, wie ich aus der Kirche gekommen bin. Ich weiß nur noch, dass ich einige Zeit brauchte, um den Eindruck zu vergessen, den die Rede auf mich gemacht hatte. Aber – schließlich war ich doch überzeugter Atheist. Ich wollte mich nicht dumm machen lassen …«

Er machte eine Pause. Ich wartete gespannt. Da fing er wieder an:

»Ich will ganz offen sein. Sieh, ich bin der Gauleiter für die Trommler- und Pfeiferchöre von Rot-Front. Da hab' ich eine Menge Dirigenten unter mir, all die Leiter der Chöre aus dem Ruhrgebiet. Und jedes Mal, wenn einer Geburtstag hat, wird gefeiert. Na ja, da wird Schnaps getrunken. Ich kann nicht viel vertragen. Aber – was will man machen. Man muss mithalten. So kommt's, dass ich fast jeden zweiten Tag benebelt nach Hause komme. Dabei geht meine Ehe in die Brüche. Und das ganze Leben ist verkehrt. Kurz – mir gefällt alles nicht mehr, wie ich es treibe. Und seit ein paar Tagen habe ich immer den Gedanken: Wenn ich doch einen Menschen fände, der mir einen anderen, neuen Weg zeigen könnte. Ja, mit diesem Wunsch schlage ich mich seit Tagen herum. Und da – genau da passiert es, dass der Mann mich auf der Straße anspricht, dessen Rede mich damals so getroffen hat. Wenn das nicht wunderlich ist …!«

Ja, nun mussten wir beide staunen. Er meinte, das sei ein wunderlicher »Zufall«. Ich erklärte ihm, dass hier ein anderer die Hand im Spiel habe. –

Er wurde mir ein lieber Mitarbeiter. Sein Herz und Dienst gehörten nun dem Herrn Jesus. Und weil seine Liebe nun mal die Trommler- und Pfeiferchöre waren, gründete er auch bei mir einen Chor.

Nie werde ich vergessen, wie der zum ersten Mal auszog: Vorne ungeheures Getöse, und hinterher lief eine wackere Schar Männer und verteilte Traktate. So wurde dem Evangelium eine Bahn gebrochen in diesem toten Bezirk.

Neues Jahr – Neues Leben

Der Zug fährt in die große Bahnhofshalle in Köln ein. Ich lehne mich aus dem Fenster und besehe mir das Gewirre und Gewusele auf dem Bahnsteig.

Da steht auf einmal lachend ein baumlanger Mensch vor mir. »Pastor Busch!!«, brüllt er. Und dann erkenne ich ihn wieder. Als ganz junger Pfarrer habe ich manche Bibelstunde und manchen Vortrag in dem »Christlichen Verein Junger Männer« gehalten, dem er als einer der Eifrigsten angehörte.

»Fahren Sie auch Richtung Duisburg?«, fragt er. »Dann steige ich bei Ihnen ein.«

Während der Zug weiterfährt, kommt ein munteres Gespräch in Gang. Wir berichten einander unsere Erlebnisse der vergangenen Jahre. Und dann kommen die alten Freunde an die Reihe. »Was macht denn der lange Willi?« … »Und wie geht es denn dem Fritz?« …

Alle werden sie durchgenommen, die damals zu dem Jungmännerkreis gehörten, in dem sich der Herr Jesus so mächtig bezeugte. Sie sind jetzt längst, soweit sie noch leben, Männer in Amt und Würden, Familienväter und gesetzte Leute.

»Und nun erzählen Sie mir doch mal vom Karl!« Im Geist sehe ich ihn vor mir, wie er, der dicke, fröhliche Bursche, so schallend unser Schlusslied mitsang:

»Geist des Lebens, wehe, wehe
übers weite Totenfeld!
Weck die Seelen aus dem Schlafe,
die der Tod gebunden hält!«

Wie solcher Tod aussah, das wusste er aus eigener Erfahrung nur zu gut …

Es war in einer Silvesternacht. Der Jungmännerkreis hatte eine wundervolle Feierstunde erlebt. Sie hatten gesungen, erzählt, Gottes Wort betrachtet. Als die Mitternachtsstunde schlug und draußen ein blöder Lärm anfing, da waren sie niedergekniet und hatten sich von neuem unserem herrlichen König Jesus hingegeben.

Nun verließ das junge Volk den Saal. Lachend, schwatzend, pfeifend oder in ernsten Gesprächen. Draußen auf der dunklen Straße blieb der lange Willi plötzlich stehen: »Nanu, ist der tot?«

Die anderen drängten sich herbei. Am Straßenrand lag regungslos eine Gestalt. Einer horchte ihm schon das Herz ab. Lachend richtete er sich auf: »Ach wo! Der ist bloß besoffen! Der hat ja auch Silvester gefeiert. Aber wie!«

»Kommt! Lasst doch das Schwein liegen!«, rief ein Jüngerer angeekelt. Der lange Willi drehte sich um:

»Schwein? Für den Jungen ist der Herr Jesus auch gestorben. Den hat Gott auch lieb!« Schweigen.

Endlich fragte einer: »Was sollen wir denn machen?«

»Wir bringen ihn jetzt nach Hause!«, schlug der lange Willi vor. »Und morgen früh besuche ich ihn.«

Alle packten mit an. Als der junge Mann wieder auf den Beinen stand, gestützt von vielen starken Händen, kam er langsam zu sich. So konnte er Auskunft darüber geben, wo er wohnte. Mühsam brachte man ihn nach Hause. Am nächsten Mittag schellte es bei dem jungen Burschen an der Haustür. Der lange Willi stand da mit einem Freund. »Wir wollen den Karl besuchen.«

»Ach ja! Das tut mal!«, seufzte die Mutter. »Aber nicht abholen in die Wirtschaft! Der hat fürs Erste genug.« Karl schaute erschrocken auf, als zwei gesunde junge Männer ihm die Hand schüttelten. Dann saßen sie an seinem Bett …

Ich weiß nicht, worüber sie gesprochen haben. Aber in der nächsten Jungmännerstunde war Karl dabei. Und von da an war er immer dabei. So lernte ich ihn auch kennen. Im Wort Gottes ging ihm eine neue, schönere Welt auf. Er fand den Herrn Jesus als seinen Erlöser und Heiland. Alles wurde neu. Die Mutter konnte sich nicht genug verwundern …

»Also, was macht der Karl?«, fragte ich jetzt, nach 35 Jahren, meinen Bekannten.

»Der Karl! Oh, der ist mächtig dabei! Der leitet doch jetzt den Jungmännerkreis.«

»Was?! Der ist doch jetzt um die 50!«

»Ja, aber der versteht's!«, sagte lachend mein Freund.

Ich fragte nicht weiter, denn ich hatte genug damit zu tun, meine Bewegung zu verbergen: Jetzt zeigte der, den sie aus dem Rinnstein geholt hatten, anderen jungen Männern den Weg zum wahren Leben!

Wo nahm Kain seine Frau her?

Die Kenntnis der Bibel nimmt immer mehr ab. Dagegen nehmen die unsinnigsten Vorurteile über die Bibel immer mehr zu. Dafür will ich zwei Beispiele erzählen. Die Erlebnisse liegen 25 Jahre auseinander.

1927 – In unserem Männerkreis erscheint ein »Neuer«. Herzlich wird er begrüßt. Aber er verhält sich sehr kühl. Und kaum haben wir angefangen, da fragt er, ob er auch mal etwas sagen dürfe.

»Bitte! Gern!«

»Also – Sie lesen hier die Bibel. Ich finde, das ist eine systematische Verdummung.«

Betroffen sehen wir uns an. Aber er lässt sich nicht beirren: »Ich werde Ihnen das beweisen! In der Bibel wird erzählt, dass die ersten Menschen Adam und Eva hießen. Die hatten zwei Söhne: Kain und Abel. Kain schlug den Abel tot. Und dann heißt es: ›Kain ging in ein fernes Land und nahm eine Frau.‹ Wo kam diese Frau her? Es gab doch noch gar keine Menschen außer der Familie Adams – nach der Bibel. Da sehen Sie, dass die ganze Bibel Quatsch ist.«

Jetzt schaut der »Neue« betroffen auf. Denn die Männer – es waren raue Männer, die im Bergwerk unter Tage arbeiteten – brechen in ein schallendes Gelächter aus. Sie hauen vor Vergnügen auf den Tisch und lachen, dass die Wände beben.

Der »Neue« wird ordentlich verlegen. Das tut den Männern nun Leid, und sie erklären ihm:

»Sieh, jeder von uns, der neu in diesen Männerkreis kam, hat versucht, mit dieser dämlichen Geschichte den Pfarrer auf den Arm zu nehmen. Und der hat dann jedem die Sache richtig erklärt.«

Sie nicken mir ermunternd zu, ich möge sie dem »Neuen‹ auch klar machen.

Ich wende mich an ihn: »Wissen Sie, wo das in der Bibel steht: ›Kain ging in ein fremdes Land und nahm eine Frau‹?«

Er schüttelt verlegen den Kopf. »Sie wissen es nicht? Gut! Ich auch nicht! Es steht nämlich überhaupt nicht in der Bibel. Da steht, wir wollen es eben aufschlagen, in 1. Mose 5, Vers 4, dass Adam und Eva viele Söhne und Töchter hatten. Ehe Kain in das fremde Land ging, hat er eine seiner Schwestern geheiratet. Sie können nämlich in der Bibel nachlesen: Gott hat gemacht, dass von einem Blut aller Menschen Geschlechter auf Erden wohnen sollen. – Als dann das Menschengeschlecht sich ausgebreitet hatte, verbot Gott die Geschwister-Ehe. Ist das klar?«

Ja, es ist sehr klar, zumal wir uns wieder einmal die Mühe machen, all die Bibelstellen aufzuschlagen, die hierzu etwas zu sagen haben.

»Begriffen?«, fragen die Männer den »Neuen«. Benommen nickt der.

»Dann können wir ja zu unserem eigentlichen Thema kommen«, erkläre ich. Aber nun fährt einer der Männer auf. »Ich muss noch etwas sagen! Ist es nicht auffällig, dass jeder – jawohl! – jeder von uns mit dieser dämlichen Geschichte ankam? Und als der Fünfundzwanzigste damit herauskam, da haben wir endlich gemerkt: Nicht die Bibel macht uns dumm! Nein, ohne die Bibel sind wir dumm gemacht worden – so dumm, dass es zum Himmel schreit! Und dich …«, damit wendet er sich zu dem »Neuen«, der sehr verlegen dasitzt, »dich haben sie also auch so dumm gemacht …«

»Jawohl«, sage ich. »Und das ist darum so schlimm, weil es ja in der Bibel im Grunde gar nicht um Kains Frau geht, sondern um uns, um unsere Sünde und um unsere Verlorenheit und um unsere Stellung zum lebendigen Gott und um unsere Seligkeit …«

1952 – Ich komme in einem Lager für junge Bergleute in eine Stube. Zwei Mann liegen auf dem Bett und lesen 30-Pfennig-Romane.

Ich setze mich auf den Bettrand und versuche ein Gespräch. Aber ich komme nicht weit.

»Ach so! Pfarrer sind Sie? Na, dann hauen Sie mal wieder ab! Wir lassen uns nicht dumm machen. Bibel! Mann! Das ist doch ein Buch mit so tollen Widersprüchen …«

»Das habe ich aber noch gar nicht gemerkt.«

»Na, da will ich Ihnen mal helfen!«, sagt der eine überlegen und richtet sich ein wenig auf. »Also passen Sie mal auf! Da kommt doch in der Bibel so ein Ehepaar vor – na, wie heißen sie doch? Richtig, Maria und Josef! Also – Maria und Josef hatten zwei Söhne: Kain und Abel. Der Kain schlug doch den Abel tot. Und dann ging der Kain in ein fremdes Land und nahm eine Frau. Bitte, wie kam er an die Frau?«

Erschrocken schaut er auf. Ich muss so lachen, dass es mir wehtut. »Mann!«, sage ich, »vielleicht hat er eine Heiratsannonce aufgegeben!«

Da merkt er nun schließlich doch, dass mit seiner Geschichte etwas nicht ganz stimmt. Und nun kann ich vernünftig mit den beiden reden. Ich kann ihnen bezeugen, was im Psalm 119 steht: »Dein Wort macht mich klug.«

Und als ich mich verabschiede, ist ihnen doch ein wenig aufgegangen, dass der Teufel die Menschen gottlos, eingebildet und – dumm macht.

»Geh weg, Papa!«

Wir zwei liegen im Gras am Waldrand. Um uns herum ist die Stille eines heißen Sommertages. Wie ist das schön! Das grüne Laub, der tiefblaue Himmel, an dem weiße Wölkchen schweben, das Summen irgendwelcher Käfer …

Wir sind aus der grauen Industriestadt hinausgewandert und liegen nun hier. Aber man wird die Stadt nicht so recht los. Sie geht mit in unseren Nerven, in unseren Gedanken und Herzen. So erzählt mein Begleiter, der Bergmann, vom Leben unter Tage. Er erzählt von dem ruppigen Betriebsführer und dem gemütvollen Steiger, von kleinen Unglücksfällen und von schwerer Alltagsmühe, von der Hitze der Stollen und der Einsamkeit »vor Ort«.

»Du!«, unterbreche ich ihn, »wie bist du eigentlich in den ›Pütt‹ gekommen? Du warst doch nicht immer Bergmann?«

Auf diese Frage hin wird es lange Zeit ganz still.

»Du!«

»Ja, was?«

»Wie du Bergmann geworden bist, habe ich gefragt.«

Da richtet er sich auf, schlingt die Arme um die hochgezogenen Knie und schaut mich fast erschrocken an. »Ja«, sagt er, »das ist eine furchtbar ernste Geschichte. Aber weil du nun schon fragst, will ich sie dir erzählen …

Also, du hast Recht, ich war nicht immer Bergmann. Früher war ich Bierkutscher. Mensch, das war ein anderes Leben: den ganzen Tag unterwegs auf dem Bock, zwei schöne Pferde vorgespannt …

Aber der Beruf wurde mein Unglück. Wir mussten von einer Kneipe zur anderen fahren. Überall gab es Aufenthalt. Man trank da ein Glas und dort eins. Und so kam's, dass ich ein regelrechter Trinker wurde, ohne dass ich es merkte. Die Kneipen wurden meine Heimat.

Ja, gewiss, zu Hause saß meine Frau. Und unser Kind, unser Töchterlein. Die waren mir damals nur lästig. Ich konnte die traurigen Augen nicht sehen, wenn ich angetrunken nach Hause kam.

Eines Abends sitze ich wieder in der Kneipe. Da geht nur ein ganz klein wenig die Tür auf. Und herein kommt mein Töchterlein. Meine Kleine in der lärmerfüllten Kneipe!

Kein bisschen fürchtet sie sich. Langsam geht sie durch die Haufen der lärmenden, rauchenden, trinkenden, Karten spielenden Männer. Prüfend und suchend schaut sie sich um.

Jetzt hat sie mich entdeckt. Ein wenig zögernd kommt sie auf mich zu, zupft mich am Ärmel und flüstert: ›Papa, komm doch heim! Die Mama wartet auf dich. Wir haben's so gemütlich zu Hause. Komm doch!‹

Das war so unbeschreiblich lieblich und unwiderstehlich – das Kind in der wüsten Kneipe –, dass ich schon aufstehe, um mitzugehen. In diesem Augenblick fühle ich, wie alle Augen auf mich gerichtet sind. Ganz still ist es geworden. Ich sehe spöttische Gesichter, höre hämische Bemerkungen.

Da kommt es über mich – ja, ich weiß es selbst nicht, was –: Ärger über diese Überrumpelung; Furcht, vor den Kameraden als Pantoffelheld zu gelten; vielleicht auch Wut über mich selbst und meinen erbärmlichen Zustand … kurz, ich schreie wütend mein Kind an, reiße es am Arm hoch, dass es wimmernd anfängt zu weinen, schleife es durch die Kneipe und werfe es roh und gewalttätig zur Tür hinaus. Dann habe ich mich sinnlos betrunken.

Die nächsten Tage auch. Die Wochen vergingen unter dumpfem Druck und Taumel.

Eines Tages komme ich zum Mittagessen nach Hause. Lärmend reiße ich die Tür auf. Da hebt meine Frau bittend und erschrocken die Hände. ›Was ist denn los?‹, poltere ich.

Da zeigt sie auf die Bank, die in unserer Wohnküche steht. ›Unser Kind ist krank, todkrank. Ich bitte dich …‹

Wahrhaftig, da liegt zwischen den Kissen mein Töchterlein mit fieberheißem Gesicht.

›Schlimm?‹, frage ich erschrocken. Meine Frau nickt stumm.

Mensch, ich kann dir nicht sagen, wie mir zumute wurde. Mein Kind! Du hast noch keines verloren? Nein? Dann kannst du auch nicht verstehen, wie das ist. Ich eile auf die Bank zu: ›Mein Mädel!‹, und will ihr mit meiner Hand über die Stirn streichen. Da tritt ein furchtbares Entsetzen in ihre Augen, ihr Arm stemmt sich gegen meine Hand: ›Geh weg, Papa!‹

Zu Tode erschrocken stehe ich da. ›Mein Kind!‹

Aber aufgeregt winkt sie mich weg: ›Geh doch weg, Papa!‹ Und sie gibt keine Ruhe, bis ich wieder an der Tür stehe.

Ja, da stand ich nun zwei Stunden – ach, was sage ich: eine Ewigkeit lang stand ich da. Ich sah, wie meine Frau dem todkranken Kind zu trinken gab, sah, wie sie es stützte und bettete und streichelte, hörte, wie sie mit ihm betete.

Wenn ich aber versuchte, einen Schritt näher zu kommen, dann schrie mein Kind aufgeregt: ›Weg, Papa, geh weg!‹

Da gab ich's auf und blieb stehen. Stehen blieb ich, bis mein Kind starb.

In diesen zwei Stunden stand mein verlorenes Leben in seiner grauenvollen Wirklichkeit vor mir. In diesen zwei Stunden erntete ich, was ich gesät hatte. In diesen zwei Stunden zerbrach mir der Boden unter den Füßen. In diesen zwei Stunden erlebte ich die Hölle. In diesen zwei Stunden redete Gott mit mir –«

So weit erzählte er. Nun umgab uns wieder die Stille eines heißen Sommertages. Hoch oben am klarblauen Himmel segelten weiße Wölkchen …

»Und dann?«, unterbrach ich endlich das Schweigen. »Der Rest ist schnell erzählt. Ich gab meinen Beruf auf und wurde Bergmann. Ich fing wieder an, mit meiner Frau in die Kirche zu gehen. Denn ohne das Wort Gottes wäre es schließlich doch nichts geworden mit dem neuen Leben.«

Ich nickte.

Man versteht sich gut, wenn man manche Stunde zusammen über dem Wort Gottes gesessen hat …

Und dann standen wir auf und wanderten miteinander in den herrlichen Sonnenschein hinein.

Charlotte

Kürzlich hatte ich eine Festpredigt zu halten in einem »Christlichen Verein Junger Männer« im Rheinland. Nach der Feier führte mich der Vorsitzende, ein junger Werkmeister, zu seiner Frau Charlotte. Das gab nun eine frohe Begrüßung; denn vor vielen Jahren war diese junge Frau meine Konfirmandin gewesen. Natürlich wurden mancherlei Erinnerungen ausgepackt.

Dabei fiel mir eine kleine Begebenheit ein:

Ich war damals Pfarrer in einem furchtbaren Bezirk: Zechen, Massenquartiere, Mietskasernen und Kneipen! Und ein übler Geist herrschte unter den Leuten: eine Mischung von Verbitterung und Leichtsinn.

Eines Tages stand ich an der Straßenecke und beobachtete unauffällig eine Schar junger Burschen, die vor einer Kneipe standen. Sie machten sich einen Spaß daraus, jedem Mädchen, das vorüberging, unflätige Witzworte nachzurufen. Es war für mich ekelhaft, zu hören und zu sehen, mit welchem Vergnügen diese Mädchen und auch Frauen darauf eingingen.

Und dann sah ich, wie Charlotte die Straße entlangkam. Sie war nun schon 17 Jahre alt. Voller Sorge fragte ich mich: »Wie wird dieses Mädel auf die Burschen reagieren?« Ja, mich packte einen Augenblick lang der verzweifelte Gedanke, dass aller Konfirmanden-Unterricht, den ich mit so viel Mühe und Liebe erteilte, in diesem Milieu doch völlig vergeblich sei.

Charlotte hatte die Kneipe erreicht. Lachend riefen die Burschen ihr etwas zu.

Aber dann geschah es: Charlotte ging vorbei, als wenn da nur Luft sei. Ich sah weder Vergnügen in ihrem Gesicht, wie ich es bei den anderen Mädchen gesehen hatte, noch auch irgendeine Spur von Verachtung. Sie ging vorbei, als sei da – gar nichts! In der Haltung einer Königin ging sie still ihres Weges. Die dreckigen Witzworte fielen einfach zu Boden. Sie hatten keine Macht über dieses Mädchen.

Verlegen standen die Burschen da. Es war ihnen eine Welt begegnet, die ihnen unheimlich, zumindest neu war. Dann trollten sie sich davon.

Ich überlegte, ob ich ihnen nachgehen und ein Wort sagen sollte. Aber – war das hier noch nötig? Charlotte hatte eine Predigt gehalten, wie ich sie niemals hätte eindrücklicher sagen können.

Arm in Arm mit einem Mörder

Es war im Jahre 1930. Irgendwo in einer großen Industriestadt. In dem engen Sälchen saß eine Schar Männer um den Tisch. Jeder hatte seine Bibel vor sich, und aufmerksam hörten sie der Auslegung von Gottes Wort zu. »Bumm! Bumm! Tschingdara!«, dröhnt es da plötzlich herein. Immer näher ziehen die Trommeln, Pauken und Flöten, dass die Fenster in unserem armseligen Saal zittern. Fragend schaue ich mich um. »Die Radikalen demonstrieren«, sagt gleichgültig ein junger Arbeiter und beugt sich über seine Bibel. Es ist noch nicht lange her, da zog er bei solchen Gelegenheiten mit; jetzt ist sein Herz von Gottes Wort gefangen.

Die Musik schweigt. Man hört draußen einen reden. Dann – wie ein Sturmwetter brüllt es auf: »Nieder! Nieder!«

Und wir sitzen stumm hier! »Sollten wir nicht hinausgehen und ein Wort sagen?«, frage ich. Sie wehren ab. »In dem Zustand politischer Leidenschaft vernehmen sie doch nichts«, rät einer ab. Sie müssen es wissen.

Aber es lässt uns keine Ruhe. Da draußen die Massen! Und wir haben die Wahrheit. Da weiß einer Rat: »Wir haben ja Posaunen. Lasst uns ein Lied in die Massen blasen, das alle kennen.«

Wir brechen auf. Die Bläser suchen ihre Posaunen zusammen, und dann stehen wir draußen.

Wie trostlos der weite düstere Platz, nur matt erhellt von ein paar trüben Gaslaternen! Auf der einen Seite hohe, unfreundliche Mietskasernen, auf der anderen kleine, schmutzige, alte Häuslein, dort drüben ein Lagerplatz. Und inmitten all der Trostlosigkeit die dunklen Massen! Da glüht Hass! Da knirscht Verbitterung! Da stöhnt Verzweiflung! Da lacht Leichtsinn!

»Harre, meine Seele, harre des Herrn! Alles ihm befehle …!«, setzen meine Posaunenbläser ein.

Es ist, als wenn zwei Welten aufeinander stoßen. Wenige Augenblicke später sind meine Männer umringt. Überall entstehen diskutierende Gruppen.

Zwei Welten ringen miteinander.

Da bemerke ich einen langen Kerl. Dem geht es nicht mehr um Auseinandersetzung. Der will Streit, Schlägerei. Gerade steht er vor einem meiner jungen Freunde und brüllt ihn an: »Zu Hackfleisch verarbeiten wir euch! Verstehst du? Zu Hackfleisch!« Er sieht aus, als wolle er gleich damit anfangen.

Ich zupfe ihn am Ärmel: »Sie, Freund, ich muss jetzt nach Hause. Sie könnten mich ein Stück begleiten!«

Erstaunen – dann lacht er los: »Hahaha! Ich einen Pastor begleiten! Nee, das ist mir noch nie passiert! Hahaha!«

»Nun, einmal muss man ja damit anfangen«,

sage ich entschlossen, kriege ihn am Arm, und – er geht mit.

Schweigend gehen wir zusammen. Arm in Arm, ein seltsames Paar. In einigem Abstand folgt uns die Menge, neugierig, wie das wohl ausgeht.

Auf einmal fängt er an: »Wenn Sie wüssten, wer ich bin, dann gingen Sie nicht mit mir.«

»Ich weiß nicht, wer Sie sind«, erwidere ich. »Aber das weiß ich: Sie sind jetzt mein Bruder, und wir gehen zusammen nach Hause.«

»Ja, aber wenn Sie wüssten, wer ich bin, gingen Sie nicht mit mir«, sagt er hartnäckig.

Ich werde ärgerlich. »In jedem Fall gehe ich mit Ihnen, wer Sie auch sein mögen. – Wer sind Sie denn?«

»Das kann ich nicht sagen, sonst gehen Sie nicht mehr mit mir.«

Lange geht es so hin und her. Endlich stößt er heraus: »Ich bin ein Mörder! An diesen meinen Händen klebt Blut!« Und dann folgt ein erschütterndes Bekenntnis, ein furchtbares Bild aus den erbitterten Kämpfen der Zeit nach dem Ersten Weltkrieg, wo politische Morde nicht selten waren.

»Und nun gehen Sie nicht mehr mit mir, nicht wahr?« Fragend schaut er mich an.

»Doch«, erwidere ich, »doch, auch ich bin ein großer Sünder. Und Sie sind mein Bruder. Ich richte Sie nicht. Gott wird Sie richten!«

Da fährt er auf. »Gott! Gott! Wo ist Gott? Wo war Gott in meinem Leben?«

Und nun erzählt er mir sein Leben. Er sprudelt es alles nur so heraus. Schließlich bleibt er aufatmend stehen.

Hass sprüht aus seinen Augen. Seine Fäuste sind geballt: »Mich hat in meinem ganzen Leben noch nie jemand geachtet! Mich hat in meinem ganzen Leben noch nie jemand lieb gehabt. Und darum hasse ich euch! Ich hasse euch!!«

Ich bin erschüttert. »Freund, ich verstehe, dass Sie uns hassen. Ich verstehe das. Aber eins haben Sie gelogen. Jawohl – gelogen! Sie haben gesagt: ›Mich hat noch nie jemand geachtet, mich hat noch nie jemand lieb gehabt.‹ Das ist nicht wahr. Ich weiß einen, der hat Sie doch geachtet. Dem sind Sie so viel wert, dass er sein Leben für Sie gelassen hat. Das ist Jesus, der Sohn Gottes.«

Ich fasse ihn vorn an seiner Bluse. »Nun hören Sie gut zu: Wenn Sie heute Abend in Ihr Bett kriechen, dann soll das ganz groß vor Ihnen stehen: Jesus hat mich lieb. Und Sie können ans Ende der Welt laufen, dann läuft Jesu Liebe und Barmherzigkeit hinter Ihnen her. Und ich bitte Sie: Laufen Sie dieser einzigen Liebe in Ihrem Leben nicht weg. Nehmen Sie sie an!«

Groß sieht er mich an. Ich sehe, wie langsam ein paar Tränen über sein Gesicht laufen. Dann geht er davon. Ehrfürchtig macht die still gewordene Menge ihm Platz. Ganz still geht er weg.

Ich sehe ihm nach. Und da ist es mir, als gehe neben dem jungen Mann ein anderer, der den blutroten Mantel seiner vergebenden Liebe um diesen armen Menschen schlägt: Jesus Christus, der Welt Heiland.

Der Text für die Taufrede

Als Hitler um die Macht kämpfte, veröffentlichte er ein Parteiprogramm. In dem stand als Punkt 24: »Wir sind für positives Christentum.« Viele treue Christen sind darauf hereingefallen.

Als aber Hitler an der Macht war, erfuhr man, was viele vorausgesehen hatten: Positives Christentum ist dasselbe wie Nationalsozialismus.

Zur selben Zeit begann der Kampf gegen die Bibel. Namentlich das Alte Testament wurde unter Trommelfeuer genommen. Überall konnte man hören und lesen: Nun ja, das Neue Testament könne man noch einige Zeit gelten lassen;

denn da werde der Gott der Liebe gelehrt. Nur die Briefe des Juden Paulus müsse man ausmerzen. In denen sei der Geist des Alten Testaments zu spüren.

Das Alte Testament aber – oh, das sei ein fürchterliches Buch, ein schmutziges Buch, ein grauenvolles Buch! Da rede der jüdisch-syrische Wüsten-Rache-Gott.

In jener Zeit kam eines Tages ein Herr zu mir, ein wirklich netter, sympathischer, sehr gebildeter Mann. »Herr Pastor!«, sagt er. »Ich möchte meinen kleinen Jungen taufen lassen. Aber eine Bitte habe ich: Nehmen Sie den Text aus dem Neuen Testament. Mit dem Alten Testament, mit diesem grauenvollen Buch, will ich nichts zu tun haben.«

»Gern will ich Ihren Wunsch erfüllen«, erwidere ich ihm. »Aber sagen Sie mir: Wissen Sie nicht, dass man das Alte und das Neue Testament nicht voneinander trennen kann? Wissen Sie nicht, dass der Gott des Alten Testaments der Vater Jesu Christi ist? Und wissen Sie nicht, dass man die ganze Judenfrage ohne das Alte Testament gar nicht begreifen kann?«

Da unterbricht er mich: »Wir wollen nicht streiten, Herr Pastor. Aber nicht wahr, einen neutestamentlichen Tauftext!«

»Ja!«, sage ich. »Das kann man machen!« Ich überlege: »Was halten Sie von dem Wort: ›So spricht der Herr: Ich habe dich je und je geliebt. Darum habe ich dich zu mir gezogen aus lauter Güte.‹ Ist das recht?«

»Prachtvoll! Wunderschön! Sehen Sie, das ist neutestamentlich! Das klingt anders als das Donnern des Rache-Gottes im Alten Testament! Den nehmen Sie!« Ich muss lachen: »Herr, das Wort ist aus dem Alten Testament!«

Verblüffung! Verlegenheit!

Dann fasst er sich. »So, ja, ja! Sicher steht das in einem der kleinen Propheten. Da waren nämlich einige Nicht-Juden dabei.«

»Nein, mein lieber Herr«, muss ich ihm erklären. »Das steht im Propheten Jeremia, der ganz gewiss ein Jude war. Allerdings war dieser Jude Jeremia hier nur der Beauftragte, der im Namen des lebendigen Gottes sprach.« Jetzt schnappt er nach Luft. Aber ich kann ihm nicht helfen. Noch deutlicher muss ich ihm seine bodenlose Unwissenheit zu Gemüte führen.

»Ich verstehe schon, was Sie wollen«, sage ich. »Es gibt da ein Bibelwort: ›Schrecklich ist's, in die Hände des lebendigen Gottes zu fallen …‹«

»Da haben wir es!«, unterbricht er mich. »So spricht der jüdisch-syrische Rache-Gott, dieser schreckliche alttestamentarische …«

Erschrocken hält er inne; denn ich lache laut los. »Herr! Dieses Wort steht im Neuen Testament! Und nun will ich Ihnen mal etwas sagen:

Sie rechnen sich zu den so genannten Gebildeten. Und doch urteilen Sie über die Bibel, ohne die mindeste Ahnung von ihr zu haben. Das ist einfach schändlich und lächerlich, ohne jede Kenntnis über ein Buch zu urteilen, durch das die abendländische Welt geprägt wurde. Und es ist ebenso schändlich und lächerlich, über das Judenvolk zu urteilen, ohne dass Sie sich in der Bibel zeigen lassen, was dieses Volk im Plan Gottes für eine große Rolle spielt.«

Nun, der Mann ließ sich etwas sagen. Und wir haben eine schöne Tauffeier miteinander gehalten.

Theologische Vorlesung auf dem Zechenhof

Eines Tages besucht mich in Essen ein Privatdozent für Altes Testament an einer süddeutschen Universität. Der kommt von einer Orientalisten-Tagung in Bonn und will bei dieser Gelegenheit das Industriegebiet kennen lernen. Ich führe ihn durch das Kruppwerk. Wir besichtigen eine Zeche.

Als wir über den Zechenplatz gehen, sehe ich den »Vater Weihe« daherkommen. Schon von weitem erkennt man ihn an seiner hohen, ungebeugten Gestalt, an dem derben Knotenstock und vor allem an der seltsamen Kosakenmütze. Er ist ein pensionierter Bergmann. Ich liebe ihn sehr, well er ein rechter Jesus-Jünger ist, ein vollmächtiger Mann, in dem der Heilige Geist Gestalt gewonnen hat.

»Herr Doktor!«, sage ich zu dem Privatdozenten. »Dort kommt ein Mann, den müssen Sie unbedingt kennen lernen.«

Wir begrüßen einander.

»Vater Weihe«, sage ich, »dieser Herr hier lehrt Studenten das Alte Testament.«

»So?«, sagt Vater Weihe. »Dann wünsche ich Ihnen nur, dass Ihnen das Alte Testament so viel wert ist wie mir.« Dabei schaut er den Gelehrten scharf an.

Der ist etwas erstaunt, dass ein einfacher Bergmann sich als Kenner des Alten Testaments ausgibt. Etwas unsicher fragt er: »Was haben Sie denn im Alten Testament gefunden?«

Da richtet sich Vater Weihe auf und sagt mit großem Ernst: »Wenn dein Gesetz nicht mein Trost gewesen wäre, so wäre ich vergangen in meinem Elend.« Nur diesen einen Satz aus dem 119. Psalm sagt er. Dann zieht er seine Kappe und stapft ohne ein weiteres Wort davon.

Der gelehrte Mann schaut ihm nach. Dann atmet er tief auf: »Das war die beste Vorlesung, die ich je über das Alte Testament gehört habe.«

»Sogar im Spind ...«

Als Päule seinen Spind aufschließt, steht er einen Augenblick erschrocken und ratlos da. Dort oben auf dem Brett hat heute Morgen noch seine kleine rote Taschenbibel gelegen, die ich ihm beim Abschied mitgab. Und jetzt ist sie verschwunden.

In diesem Augenblick spürt Päule deutlich, dass eine erwartungsvolle Stille im Raum herrscht. Er dreht sich um. Da stehen seine Kameraden und grinsen. Manche verlegen, manche richtig hämisch.

»Habt ihr meine Bibel weggenommen?«, fragt Päule. Einer antwortet: »Jawohl! Ich habe sie dem Oberfeldmeister übergeben.«

Jetzt weiß Päule, dass ein Kampf bevorsteht. Er war ein treuer Mitarbeiter im »Bibelkreis für höhere Schüler«, ehe er zum »Reichsarbeitsdienst«

eingezogen wurde. Wer die Hitlerzeit miterlebt hat, erinnert sich daran, dass jeder junge Mann, ehe er zum Militär kam, ein Jahr im Arbeitsdienst ableisten musste. Dass die jungen Männer ein Jahr lang Moore kultivieren, Straßen bauen und Landarbeit tun mussten, war an sich eine gute Sache. Aber dass dieser »RAD« benutzt wurde, um die »völkische Weltanschauung« in den jungen Herzen zu verankern – nein, das war nicht gut. Und mancher junge Christ hat in dieser Atmosphäre neudeutschen Heidentums schwere Not durchgemacht.

Als ich Päule – so nannten wir ihn – im Kreis seiner Freunde verabschiedete, hatte ich ihm, wie jedem, der wegging, den Rat gegeben: »Lege am ersten Abend die Bibel offen auf den Tisch. Dann weiß jeder, wer du bist.« Das hatte er getan.

Und nun also ist der Zusammenstoß da.

Päule sagt kein Wort. Aber er ist entschlossen, seine Bibel wiederzuholen. Darum macht er sich sofort auf den Weg zum Oberfeldmeister.

Er klopft an. – »Herein!«

Päule tritt ein und macht die vorgeschriebenen »Männchen«. Dabei sieht er, dass der Oberfeldmeister am Schreibtisch sitzt und nachdenklich in seiner Bibel blättert.

»Was wollen Sie?«

»Ich möchte Herrn Oberfeldmeister bitten, mir meine Bibel zurückzugeben.«

Der Gewaltige schaut auf. Streng sieht er den jungen Mann an. Dann hält er ihm die Bibel vors Gesicht und erklärt bedenklich: »So?! Dieses Buch gehört Ihnen! Wissen Sie denn nicht, dass dieses Buch Unruhe verbreitet?«

Da lächelt Päule und sagt: »So ist es, Herr Oberfeldmeister! Es macht Unruhe, sogar wenn es im Spind eingeschlossen ist. Es ist ein unheimlich lebendiges Buch.«

Da fährt der Herr Oberfeldmeister heraus: »Ich war einmal Theologe. Aber ich habe mich vom Christentum losgesagt. Setzen Sie sich!«

Und nun beginnt ein Gespräch zwischen dem Gewaltigen und dem jungen Arbeitssoldaten, wobei sich herausstellt, dass sogar der Herr Oberfeldmeister durch die Begegnung mit der Bibel in Unruhe geraten ist.

Unter dem Staunen der Kameraden legt Päule später seine Bibel an ihren alten Platz zurück.

Es gab auch manchmal etwas zum Lachen

Genau weiß ich das Jahr nicht mehr. Ich glaube, es war 1935. Mit meinem BK (»Bibelkreis für höhere Schüler«) erlebte ich eine Freizeit in Süddeutschland. Eines Tages – wir hatten gerade unsere Bibelarbeit beendet – kam ein Junge von der nahe gelegenen »Baude« angelaufen: »Der Pfarrer soll mal herüberkommen. Der Gendarm ist da!«

Mir wurde das Herz schwer. Nun hatten sie uns also doch in dieser Einsamkeit aufgestöbert.

Während ich zur Baude ging, überschlug ich noch einmal unsere Rechtslage. Ach, »Recht«! Das Recht war schon längst zum Spott geworden unter dem Motto: »Recht ist, was dem Volk nützt.« Es waren uns die Lager nicht gerade verboten. Aber jeglicher Sport war untersagt. Wer uns übel wollte, konnte den Anmarsch zu einem Lager, das Schwimmen und Spielen als Sport ansehen.

In der Baude saß ein dicker, gemütlicher Gendarm. Offensichtlich war ihm sein Auftrag peinlich. »Ich habe hier die Vorladung vor den Landrat. Sie haben ohne Genehmigung der bayerischen Behörden ein Lager errichtet. Ich sehe schwarz für Sie.«

Wir tranken noch gemütlich einen Kaffee zusammen. Dann ging er. Am nächsten Tag machte ich mich auf zu der kleinen, verschlafenen Kreisstadt in der Nähe der tschechischen Grenze.

Der Landrat ließ mich lange warten. Dann stand ich vor dem Gefürchteten. »Sie haben Ihr Lager sofort aufzulösen. In 24 Stunden sind Sie verschwunden! Verstanden?«

Ich versuchte Einwendungen. »Ich habe doch die Genehmigung unserer Behörden –«

»Ist mir egal! Also – in 24 Stunden sind Sie fort!«

Nun wurde ich ärgerlich. »Herr Landrat«, sagte ich, »wir haben schon den Omnibus bezahlt, der uns in vierzehn Tagen abholt. Die Jungen haben kein Geld mehr, um nach Hause zu fahren. Ich habe auch keins. Wie denken Sie sich den Heimtransport der achtzig jungen Leute?«

»Das ist nicht meine Sorge! Verschwinden Sie!«

»Gut, Herr Landrat! Ich fahre morgen früh nach Hause. Für mich langt mein Geld noch. Und die achtzig jungen Leute schicke ich Ihnen aufs Landratsamt. Sie müssen dann zusehen, wie ...«

»Was fällt Ihnen ein? Was soll ich mit den Kerlen?! Wie alt sind denn die?«

»Zwischen sechzehn und achtzehn Jahren. Stabile Burschen! Sie werden sie ernähren und heimschaffen müssen. Hoffentlich haben Sie genügend Etatmittel.«

»Sind Sie verrückt? Was soll ich hier mit den Jungen?«

»Herr Landrat! Das ist nicht meine Sorge. Aber ich garantiere Ihnen, dass die jungen Burschen Ihnen zu schaffen machen. Die werden hier vor dem Landratsamt sitzen und Lieder singen.«

»Lieder? Was für Lieder?«

»Jesus-Lieder!«

»Auch das noch! So geht das doch nicht!«

»Ich bin zum ersten Mal ganz mit Ihnen einig, Herr Landrat! So geht es nicht!«

»Hauen Sie ab! Brechen Sie Ihr Lager noch nicht ab! Morgen bekommen Sie Nachricht. Ich werde an höherer Stelle anfragen, was zu tun ist.«

Am nächsten Tag – wir haben gerade die Bibelarbeit beendet – kam der Junge wieder angelaufen: »Herr Pfarrer soll zur Baude kommen. Der Gendarm ist da!« Ich lief, so schnell ich konnte. Der dicke Gendarm lachte über das ganze Gesicht. »Ich habe Ihnen strikten Befehl zu überbringen: Das Lager bleibt aufgelöst. Aber wir geben Ihnen vierzehn Tage Zeit, um das Lager abzubrechen. Wenn jedoch nach vierzehn Tagen noch ein einziger Junge da ist, wird er verhaftet. Und Sie auch.« Lachend nahm ich das zur Kenntnis. Genau in vierzehn Tagen kam unser Essener Omnibus. Unsere Bibelfreizeit war gerettet.

Das gab ein gemütliches Kaffeetrinken! Und dann ging's ins Lager zurück, wo wir eine Gebetsgemeinschaft abhielten, um unserem Herrn zu danken.

Umso größer aber war der Schrecken, als am nächsten Tag einer meiner Jungen angerannt kam: »Der Gendarm ist wieder da – mit einem Führer der Hitlerjugend.« Und schon kam auch ein Bote, um mich in die Baude zu rufen. Sollte die Hitlerjugend neue Schwierigkeiten machen? Ängstlich ging ich hin.

Ja, da saß der Gendarm. Aber er beruhigte mich sofort: »Diesmal komme ich privat.« Er zeigte auf den lamettageschmückten HJ-Führer. »Das ist mein Sohn! Dem haben sie in der Hitlerjugend allen Glauben genommen. Und seitdem klappt es mit ihm nicht mehr. Nun haben Sie mir gestern beim Kaffeetrinken so schön von Jesus erzählt. Sagen Sie das doch bitte dem Jungen auch noch mal. Er kann's brauchen.«

Ich schaute den etwa neunzehnjährigen Führer an: »Wollen Sie?«

Er nickte stumm. Da setzte ich mich zu den beiden und erzählte ihnen von dem Mann von Golgatha, der uns von uns selber erlöst und neue Menschen aus uns schafft. Es wurde eine wundervolle Stunde. Nein – es wurden viele wundervolle Stunden!

»Doch, da kann ich mitreden!«

»Was wissen denn Sie von den Nerven! Sie haben ja keine Ahnung! Wissen Sie vielleicht, wie das ist, wenn man nachts einfach nicht mehr schlafen kann? Gut! Dann nehme ich Schlafpillen. Aber allmählich wirken die auch nicht mehr. Dann rauche ich eine Zigarette nach der anderen. Das beruhigt ein wenig. Doch auf die Dauer … Ach, entschuldigen Sie. Ich muss für einen Augenblick in den Laden. Die Mädels, diese Verkäuferinnen – nur einen Augenblick …«

Die elegante Besitzerin des vornehmen Geschäfts für Damenhüte verschwindet. Ich sehe mich in dem kleinen, luxuriös ausgestatteten Bad um. Alles ist piekfein und geschmackvoll eingerichtet. Nur die Nerven der Dame! Die scheinen ihr doch recht Not zu machen. Ist der Mann schuld? Er ist Angestellter in einer großen Firma. Ich glaube, ihm wäre eine schlichte Hausfrau lieber als die Einnahme aus dem Geschäft. Aber – ohne Auto möchte er auch nicht mehr leben. Oder ist die Frau überarbeitet?

Da kommt sie wieder herein: »Also, wie gesagt, da können Sie gar nicht mitreden, was die Nerven betrifft. Ich kann das nicht mehr lange aushalten!« So sagt sie erregt.

Jetzt habe ich genug. »Doch! Da kann ich mitreden. Lassen Sie mich das einfach mal erzählen. Sie sind nervös und fertig, weil Sie zu viel zu tun haben. Bei mir war es umgekehrt. Ich saß Tag für Tag in einer Gefängniszelle – es war im Dritten Reich –, und es machte mich halb wahnsinnig, dass gar nichts geschah. Den Wärter habe ich angefleht, er solle mich doch den Koks mit einschippen lassen. Darauf meinte er lachend, ich gehöre doch zu den Leuten, die später ein Buch über ihre Gefängniszeit schreiben. Deshalb wolle er lieber ganz korrekt bleiben. So saß ich und grübelte und dachte nach. Und nichts geschah – kein Verhör, keine Unterbrechung, kein Hoffnungsschimmer.

Eines Tages war ich fertig, einfach fertig mit den Nerven. Ich dachte: Wenn ich jetzt nachgebe, dann rutsche ich in das dunkle Reich der geistigen Umnachtung, von wo man nicht mehr zurückkann.«

»Genauso ist es!«, unterbrach mich die Frau erregt. »Erzählen Sie weiter!«

»Natürlich – ich war auch rein körperlich am Ende. Das Essen war so abscheulich, dass ich kaum ein paar Bissen hinunterwürgen konnte. Und der Mangel an frischer Luft – na kurz: Ich war an dem Punkt, wo man die Zelle zertrümmert und die Zwangsjacke bekommt.

Und dann fiel mir auf einmal, als hätte es mir einer eingeflüstert, ein Wort aus der Bibel ein: ›Sagt Gott Dank allezeit für alles.‹ Ja, das war wie ein Befehl. Ich kniete nieder und begann Gott zu danken.«

»Zu danken?! Ja, wofür denn?«, unterbrach mich die Frau.

»Nun, ich dankte Gott dafür, dass er da ist. Und dass er mir ein so reiches Leben geschenkt hat. Und dass er mich ja nicht vergessen hat. Und dass ich doch eigentlich ganz gesund sei. Und dass ich in der letzten Nacht ein paar Stunden Schlaf gefunden hatte. Und dass ich so eine liebe Frau und nette Kinder habe und – und – es fiel mir eine Menge ein. Vor allem aber dankte ich ihm dafür, dass er seinen Sohn Jesus gegeben hat, dass der für mich so viel durchgemacht hat, dass der alle meine Sünden weggetragen hat.

Als ich fertig war, war eine Stunde um. Am Nachmittag machte ich es ähnlich: Leise sang ich ein paar Loblieder. Ich stellte mir vor, wie die himmlischen Heerscharen um den Thron des dreieinigen Gottes herum stehen und anbeten. Und dann stellte ich mich im Geist in diese himmlische Schar und lobte mit …«

»Und was geschah dann?«, fragte die Frau.

»Dann kam Ordnung in die Sache: Jeden Tag wurden zwei Stunden angesetzt für das Lob Gottes. Und damit kamen Ordnung und Ruhe in alles andere. Ich verlor die Panik. Ich wurde fröhlich. Die Wärter wurden netter. Eines Tages durfte mich meine Frau besuchen. Die meinte, man müsse Angst haben um mich, weil ich sehr schmal geworden sei und das Essen sicher nicht vertrüge. Da habe ich ihr gesagt, um mich brauche man keine Angst zu haben; denn ich hätte endlich Zeit, Gott zu loben. Aber um all die Leute draußen müsse man Angst haben. Denn die rieben sich mit viel unnützem Zeug auf und hätten weder Zeit, Gottes Wort zu hören, noch, ihn anzubeten.«

»Und Ihre Nerven?«

»Na, Sie sehen doch – die sind so gut geworden, dass Sie sogar auf den Gedanken kamen, ich könne bei den Nerven gar nicht mitreden!«

»Seltsam!«, sagte die Frau nachdenklich.

Zwischen Tod und Leben

Draußen rauscht endloser Regen über nächtliche Berge und Tannenwälder. Es ist fast unheimlich in dem alten, verfallenden Jagdschloss im dunklen Böhmerwald. Irgendein bayerischer König hat es einmal gebaut. Jetzt haust nur noch ein Förster mit ein paar Menschen hier. Freundlich hat er mich aufgenommen, als ich sehr verregnet anklopfte. Er hat mir ein erstaunliches Zimmer – es ist fast ein Saal – zum Quartier angewiesen. Eine Frau hat im offenen Kamin Feuer angezündet. Dann ist alles schlafen gegangen.

Nur ich kann den Schlaf nicht finden. »Wenn ich doch etwas zum Lesen fände!« Ich nehme die Kerze (elektrisches Licht gibt es nicht) und schaue mich in meinem Prunkgemach um. Die Decke ist wunderschön verziert. Über dem Kamin ist ein verblasstes Wappenschild. Und da …! Auf dem marmornen Kaminsims liegt ein Büchlein. Wer mag es wohl vergessen haben? Ich setze mich in den Sessel, rücke die Kerze heran und lese …

Ein seltsames Buch! Offenbar hat ein Arzt es geschrieben. Ein Arzt, der ein Leben lang gegen den Tod gekämpft hat. Und nun schreibt er sich hier die Wut und den Schmerz über den allmächtigen Tod von der Seele. Ich möchte lächeln über die pathetische Sprache. Aber es gelingt mir nicht.

»Wahrlich«, so lese ich, »wem die Augen geöffnet sind für den König Tod, der trägt in sich ein Grauen ohne Maß und ohne Grenze … Er ist der wahre Fürst aller Lebenden. Denn er hat Gewalt über alle … Leise tritt er an die Betten aus Seide oder aus Stroh – er schiebt den armseligen Arzt beiseite samt seinen Spritzen, Tränken und Pflastern – ein Sprung – ein Griff – oh, wieder hat er gesiegt …«

Draußen heult der Wind. Irgendwo in dem alten Schloss kracht etwas unheimlich. Im weiten Flur zwitschern die Schwalben im Schlaf. Der schwarze Hauskater geistert herum und rumort.

Vor meinem Geist ziehen sie vorbei, die hier wohnten. Da war ein bayerischer König. Der hat manchen frohen Sommertag hier geweilt. Es ist mir, als höre ich das laute Leben eines frohen Hofes: Lachen und Scherzen der Hofdamen und Pagen. Eilende Diener! Ernste Räte! Wo sind sie? Dahin! – Eine düstere Gruft, ein eingesunkener Grabstein.

Dann hat ein forscher Fabrikherr hier gewohnt. Seine Glashütte brachte Arbeit und Brot ins Waldtal. Da war ein Kommen und Gehen von Käufern und Verkäufern. Wo sind sie? Die Glashütte ist längst zerfallen. Gras wächst im stillen Hof. Und der Fabrikherr? Dahin! – Ein Grab! Wieder nehme ich mir das Buch vor. Der junge Arzt hat wohl manches Mal erfolglos mit dem Tod gerungen. Darum hasst er ihn:

»… O du furchtbarer Herr des Lebens, nichts hält dich auf – du Unentrinnbarer! Du tausendfach Verlarvter, du Krummmacher, du Fallensteller – ah, was erfinde ich noch für Namen, meinen ohnmächtigen Hass gegen dich zu schleudern? Du hinterhältiger Kicherer, du Sohlenschleicher – wie benenne ich dich richtig, um meine blinden Freunde und tauben Brüder vor dir zu warnen? Du Bogenschwipper! Du falscher Verräter – du – du – nichts vermag dich ganz zu nennen, denn tausendfach ist deine Form … alles Leben eilt auf dich zu – auf den großen, schwarzen Schlusspunkt …«

Und nun kommt wohl das Eigentliche. Denn die nächsten Sätze sind in dem Büchlein ganz dick gedruckt: »Verdammt! Wenn du nur ein Punkt wärest, ein Schluss, endgültig und unwiderruflich … So aber ist es dein besonderer Hohn, dass du dich selbst höhnend in Frage stellst und dein Knochengerippe aus dem Punkt emporfährt zu einem grinsenden Fragezeichen: Und dann? …«

Draußen kracht etwas fürchterlich. Der Sturm hat wohl eine Tanne umgerissen. Erschrocken fahre ich auf. Nein! Das ist unerträglich!

Ich schleudere das schreckliche Buch zurück auf den Kaminsims. Dort in der Ecke liegt mein Rucksack. Mit zitternden Händen reiße ich die Seitentasche auf. Da ist mein kleines Neues Testament. Wo steht das doch, das Wort vom überwundenen Tod? Richtig! Hier im Johannes-Evangelium! Ich setze mich und lese: »Jesus sprach: Ich bin die Auferstehung und das Leben. Wer an mich glaubt, der wird leben, ob er gleich stürbe. Und wer da lebt und glaubt an mich, der wird nimmermehr sterben …«

Der Wind heult, als wolle er aller Verzweiflung in der Welt Ausdruck verleihen. Wie eine helle

Siegesfanfare aber klingt das Wort des Herrn Jesus: »Ich bin das Leben!«

Das Feuer brennt im Kamin und erfüllt allmählich mein Zimmer mit freundlicher Wärme. Still ist es jetzt im Schloss. Mir aber ist zumute, als stehe ich an der brausenden Schlachtfront, da zwei Welten gewaltig zusammenstoßen.

»Christos woskres« und Ostergelächter

Wenn in früheren Jahrzehnten Leute aus Russland in das westliche Europa kamen, sagten sie uns immer wieder: »Ihr habt ja keine Ahnung davon, was eine richtige Osterfeier ist. Da solltet ihr nur einmal Ostern in der russischen Kirche erleben!«

Alexandra Anzerowa erzählt in einem ihrer Bücher davon: »Was kann es Schöneres geben als ein Osterfest in Russland?! Fröhlich, unermüdlich läuten die Glocken die ganze Woche, denn es ist den Jungen erlaubt, an diesen Tagen die Glocken zu ziehen, und da kann man sich denken, was für ein Jubel bei der Jugend herrscht! Alles jauchzt, alles freut sich! Man schenkt einander bunt gefärbte Eier und küsst sich dabei – der Sitte gemäß – dreimal auf die Wangen. Der Gruß lautet: »Christos woskres!« – »Christus ist auferstanden!« Und: »Woïstinu woskres!« – »Er ist wirklich auferstanden!« ist der Gegengruß.

Diese Freude des Festes lässt sich in jedem Lebenshauch spüren; vierzig Tage lang – bis Himmelfahrt – knien die Gläubigen in der Kirche nicht, denn die Freude über die Auferstehung des Herrn erlaubt keinen Ausdruck von Kummer oder Flehen. Auch singt man bei Begräbnissen keine Todeshymnen, sondern nur die Auferstehungslieder, denn der Tod ist ja überwunden!«

Es hat mir gut gefallen, dass die Menschen sich grüßen mit dem Ruf: »Christos woskres« – »Christus ist auferstanden«. Das ist sinnvoller als »Mahlzeit!« oder auch »'n Tag!«

Darum hat sich mir dieser Gruß tief eingeprägt. Und so wurden die beiden Worte »Christos woskres« die einzigen russischen Worte, die ich in meinem Leben gelernt habe.

Eines Tages beschloss ich, sie anzuwenden. Es war gegen Ende des letzten Krieges in den Ostertagen 1944, als viele russische Kriegsgefangene im Ruhrgebiet arbeiteten. Die Sirenen heulten. Alles rannte zu den großen unterirdischen Bunkern. Auch ich machte mich auf den Weg und traf dabei zwei Russen. Sie waren allein. Ihre Bewacher hatten sich wohl schon im Bunker verkrochen.

Ich trat auf die beiden zu und sagte mit starker Betonung: »Christos woskres!« Da geschah etwas Seltsames: Der eine strahlte richtig auf. Ich habe nicht oft solch ein Leuchten in einem Menschengesicht gesehen. Und, wie erschüttert, antwortete er: »Woïstinu woskres!« – »Er ist wahrhaftig auferstanden!«

Der andere aber fuhr wütend auf. Er spuckte verächtlich auf den Boden, und dann ergoss sich eine Flut von Beschimpfungen über mich, die ich nicht verstand. Aber seine Mienen sagten deutlich, was er meinte: »Verschont uns mit christlichen Worten, ihr, die ihr uns gefangen haltet, uns quält und unmenschlich behandelt.« Ich konnte ihm nicht antworten. Meine russischen Sprachkenntnisse waren erschöpft.

Nachdenklich ging ich weiter. »So wird es immer sein!«, dachte ich. »Die einen können die frohe Botschaft von der Auferstehung Jesu nicht mehr hören, weil ihnen die Sorgen, die Nöte und der Jammer – oder auch die Verlockungen der Welt zu laut in den Ohren tönen. Die anderen aber freuen sich. Und je dunkler es um sie herum ist, desto mehr freuen sie sich an dieser herrlichen Botschaft.«

Diese russischen Ostern! Es muss etwas Besonderes darum gewesen sein. Es gab eine ganz seltsame Sitte: Mitten im feierlichen Gottesdienst wurde das »Ostergelächter« angestimmt. Man lachte gewaltig. Man lachte, weil nun Jesus lebt. Man lachte über die besiegten Mächte Schuld, Tod, Teufel und Hölle. Man lachte, weil der Sieg Jesu so groß ist.

Was ist das doch für eine herrliche, männliche Auferstehungsfeier: das Ostergelächter!

Während der schrecklichen Kriegszeit saß ich einmal mit meinem Bruder zusammen. Lange hatten wir unsere Sorgen ausgetauscht um unsere Kirche, um unser Volk, um den dunklen Weg, den die Menschheit beschritt. Das Herz war uns über all dem Reden sehr schwer geworden. Da sagte mein Bruder auf einmal: »Und nun das Ostergelächter!« Und dann lachten wir – ja, wir lachten zusammen mit dem, »der im Himmel sitzt«, weil Jesus Christus auferstanden ist.

Schrecken und Zucker

Erschrocken fuhren wir im ersten Morgengrauen aus dem Schlaf. Auf der Straße Gebrüll, wilde Männerstimmen, ein paar Schüsse, eilende Schritte …

Es waren wilde Tage damals im März 1945. Der Krieg war zu Ende, seitdem die Amerikaner ins Ruhrgebiet eingerückt waren. Aber doch war der Krieg noch nicht zu Ende. Er ging in einer neuen und wunderlichen Form weiter:

Tausende von Fremdarbeitern hatte man während des Krieges ins Ruhrgebiet geholt. Diese armen Menschen, die man aus ihrer Heimat gerissen hatte, mussten viel erduldet haben unter ihren harten Herren. Kein Wunder, dass sie nun Rache nahmen: Es wurde geplündert und geschossen. Einmal fuhr ich mit dem Rad auf einen Bauernhof zwischen Wuppertal und Essen, um einen Mann zu besuchen, mit dem ich im Glauben herzlich verbunden war. Da fand ich Grund zu tiefer Trauer. Die Fremdarbeiter waren nachts eingedrungen, hatten den Bauern kurzerhand über den Haufen geknallt und dann schrecklich geplündert. Mit Entsetzen sah ich die Blutspuren an der Wand – das Blut meines Bruders!

Als schließlich ein Fremdarbeiter einen einflussreichen Mann erschoss, weil der ihm seine Uhr nicht freiwillig abgeben wollte, griffen die amerikanischen Soldaten ein. Und voller Furcht hörten wir nun jede Nacht die Schießereien.

Also damals geschah es, dass uns solch ein Getobe im Morgengrauen aus dem Schlaf riss. Ich stürzte ans Fenster. Wo einst eine glatte Asphaltstraße gewesen war, sah man jetzt nur einen Bombenkrater neben dem anderen. Seit dem letzten Fliegerangriff war unsere Straße wie ein umgepflügtes Feld, durch das sich kleine, lehmige, vom Regen aufgeweichte Wege zogen. Und auf dem Pfad vor unserem Fenster eilten Männer vorbei. Dicke Säcke trugen sie auf dem Rücken. Offenbar hatten sie eines der wertvollen Lebensmittel-Lager geplündert.

Von einer Seitenstraße kamen amerikanische Militärpolizisten gerannt, die Maschinenpistolen schussbereit in den Händen.

Entsetzt ließ der letzte der flüchtenden Männer seinen Sack fallen. Dieser platzte auf. – Und – o seltener Anblick – schneeweißer Zucker rieselte heraus.

Im nächsten Augenblick war der ganze Spuk vorüber. Zwei Soldaten schleppten den Sack weg. Die anderen eilten hinter den Flüchtenden her. Von ferne hörte man Geschrei und Schüsse.

Und dann – ich traute meinen Augen nicht – erschien auf der Szene eine kleine Gestalt, ein Mädchen. Die nackten Füße patschten fröhlich durch den nassen Lehm. In einer Hand hielt sie ein Löffelchen, in der anderen eine kleine Schüssel. Unbekümmert um Aufregung und Schrecken kniete sie nieder und fing eilig an, das liegen gebliebene Zuckerhäuflein in die Schüssel zu löffeln.

Da erkannte ich sie erst – meine eigene kleine Tochter. Strahlend kam sie mit ihrer Beute zurück. Zucker war ja etwas, was wir seit Wochen nicht mehr gesehen hatten. In der Bibel wird einmal eine große Freude geschildert mit den Worten:

»Ich freue mich wie einer, der eine große Beute kriegt.« Nun, genauso freute sich unsere Jüngste.

Zwar war der Zucker unglaublich schmutzig, mit Lehm durchsetzt. Aber das Kind hat dann mit Hilfe der Mutter doch noch in einer Pfanne seltsame Bonbons daraus hergestellt. Und das ganze Haus war beglückt darüber.

Mich aber bewegte das Wort Jesu: »So ihr nicht werdet wie die Kinder …« Während wir Großen nur Furcht, Angst, Schrecken und Wut empfanden, hatte die Kleine gesehen, dass der himmlische Vater ihr eine Freude hingelegt hatte. Und ich musste denken: Wenn wir doch immer die rechten Augen hätten, um bei allem Widerwärtigen auch so ein Zuckerhäuflein zu entdecken.

Echo

Wenn ich am Sonntag auf meiner Kanzel »Amen« sage, dann ist meine Predigt noch nicht zu Ende; denn vor ein paar Jahren hat ein Verlag begonnen, meine Predigten zu drucken. Und so flattern in jeder Woche etwa zehntausend Exemplare ins Land.

Oft habe ich darüber nachgedacht, wie es diesen gedruckten Predigten wohl ergeht. Werden sie offene Ohren und Herzen finden? Werden sie gelesen? Werden sie verstanden? Ich komme mir da manchmal vor wie einer, der laut gerufen hat. Und nun wartet er, ob wohl von irgendwoher ein Echo kommt.

Eines Tages kam solch ein Echo: der herzbewegende Bericht eines Mannes, der regelmäßig diese Predigten las. Am Nachmittag des Ostertages saß er über einer Predigt. Sie behandelte die wundervolle Geschichte von den sieben Jüngern, die nach einem erfolglosen Fischzug mit ihrem Boot dem Ufer zustreben. Da sehen sie in der Morgendämmerung einen Mann am Ufer stehen. Der ruft sie. Und auf einmal schreit der junge Johannes auf: »Es ist der Herr!« Tatsächlich! Es war der auferstandene Jesus selbst, der hier seine verzagten Jünger suchte.

Diese Predigt machte auf den Mann einen großen Eindruck. Er steckte das Blatt in seine

Brieftasche, als er sich nun aufmachte, um im Krankenhaus einen schwer leidenden Freund zu besuchen.

Er fand den Freund sehr verzagt und niedergeschlagen vor. So schlug er ihm vor: »Jetzt will ich dir einmal eine Predigt vorlesen.« Er zog die gedruckte Predigt aus der Tasche und las sie seinem armen Freund vor.

Der nahm die Osterbotschaft auf wie ein durstiges Land den Regen. Und als der Besuch sich verabschiedete, bat der Kranke: »Lass mir doch die Predigt hier. Ich möchte sie noch einmal in aller Stille und Ruhe lesen.«

»Gern!«, sagte der Mann. Und so legte er die Predigt auf den Nachttisch. In dicken Lettern stand auf der ersten Seite als Überschrift: »Es ist der Herr!«

Einige Stunden später. Leise geht die Tür des Krankenzimmers auf. Zur gewohnten Zeit kommt die Frau des Kranken, um ihren Mann zu besuchen. Mit einem fröhlichen Gruß tritt sie ins Zimmer. Aber es wird ihr unheimlich zumute, wie sie ihren Mann regungslos daliegen sieht. Ihren Gruß erwidert er nicht. Sie eilt auf das Bett zu. Sie spricht ihren Mann laut an. Er antwortet nicht.

Sie fasst seine Hand. Die ist eiskalt. Der Kranke ist still hinübergegangen in die ewige Welt.

Verzweifelt und erschrocken will die Frau aufschreien. Da fällt ihr Blick auf das Blatt, das auf der Bettdecke liegt. Groß und eindrücklich springt ihr der Satz in die Augen: »Es ist der Herr!«

Der Herr! Der Lebendige! Sie begreift erschüttert: Hier bin ich nicht allein mit dem toten, geliebten Mann. Es ist noch ein Dritter hinzugekommen. »Es ist der Herr!« Sie sinkt auf die Knie und betet still zu dem, der den Tod überwunden hat und der die Verzweifelten tröstet.

Darüber wird ihr Herz still und getrost. Sie erhebt sich und ruft die Krankenschwester …

Und noch von einem anderen seltsamen Echo möchte ich berichten. Da brachte mir die Post eines Tages einen Brief. Den Absender kannte ich nicht. Etwas gelangweilt begann ich zu lesen. Aber dann fuhr ich auf. Was da in dem Brief stand – ja, das war einfach unerhört!

Der Brief kam von dem Setzer der Druckerei, in der damals die Predigten gedruckt wurden. – Nun muss ich zuvor erklären: Es waren die wirren Zeiten nach dem Krieg vor der so genannten Währungsreform. Da war es für den Verlag sehr schwierig, das nötige Papier zu bekommen. Und wenn man das Papier beschafft hatte, dann war es noch schwerer, einen Drucker zu finden, der die Sache übernahm. So war der Verlag schließlich bei einem ganz kleinen Zwei-Mann-Betrieb gelandet. Der eine setzte die Lettern, und der andere bediente die Maschine.

Der Setzer also schrieb mir. Er berichtete ausführlich, wie er als ein völlig verstörter und glaubensloser Mann aus dem Krieg zurückgekommen sei. »Wir sind so dumm gemacht worden!«, sagte er sich. »Jetzt will ich gar nichts mehr glauben, als dass zwei Pfund Rindfleisch eine gute Suppe ergeben.« Kein Wunder, dass er sich maßlos ärgerte, wenn er nun jede Woche eine Predigt setzen musste. Ausgerechnet er! Eine Predigt?

Er schilderte sehr ausführlich, wie er sich Woche für Woche über den »unsinnigen Blödsinn« geärgert habe.

Ja, es habe ihn richtig gewurmt, dass er nun dazu verurteilt war, bei der Verbreitung eines solchen »Unsinns« mitzuhelfen.

Um seinen Ärger abzureagieren, machte er absichtlich die lächerlichsten Druckfehler. Er beschrieb das in seinem Brief sehr ausführlich.

Schließlich war es so offensichtlich, dass die Druckfehler beabsichtigt waren, dass er jeden Tag auf einen großen Krach wartete. Es war ihm klar, dass der Verlag sich das unmöglich gefallen lassen konnte; denn weil man die Predigten nicht so drucken konnte, musste man ja im Verlag immer wieder Korrektur lesen und das Verbesserte an die Druckerei zurückschicken.

Der Setzer wurde immer frecher mit seinen Verballhornisierungen. Aber es geschah nichts. Der Mann, der Korrektur las, bewies eine solche

Geduld, dass unser Setzer schließlich doch anfing, sich zu schämen.

Und als er sich genug geschämt hatte, dachte er, vielleicht sei an dieser Botschaft doch »etwas dran«. In dem Brief beschrieb er nun, wie er von da an angefangen habe, die Predigten nicht mehr mit Hass, sondern mit Neugier zu lesen. Und darüber rührte der Heilige Geist Gottes sein Herz an.

Am Schluss des Briefes hieß es: »Jetzt glaube ich von Herzen an diesen Herrn Jesus, den Sie verkündigen. Und ich freue mich jede Woche schon auf die neue Predigt. Ja, ich freue mich, dass ich mithelfen darf bei der Verkündigung dieser herrlichen Botschaft von der Liebe Gottes, die in Jesus Christus zu uns gekommen ist.

Als ich diesen wundervollen Brief gelesen hatte, da bin ich in mein stilles Studierzimmer gegangen und habe Gott gedankt, weil noch heute gilt, was er durch den Propheten Jeremia gesagt hat: »Ist mein Wort nicht wie ein Hammer, der Felsen zerschmeißt?!«

Ein seltsamer Besuch

Mein Herz klopft stark, als ich vor dem schlichten Holzhaus in Oslo stehe. Es unterscheidet sich in keiner Weise von den bunt bemalten Holzhäusern, die man überall in Norwegen findet.

Aber dieses Haus bedeutet für mich etwas Besonderes. Hier wohnt Bischof Berggrav. Wie oft habe ich seinen Namen gehört! Als Hitler Norwegen besetzte, war dieser Mann ein unerschrockener Zeuge der Wahrheit, der schließlich im Gefängnis landete. Es ist ein Wunder, dass er der Hinrichtung entging.

Und als der Krieg zu Ende war, hat er sich den Christen in Deutschland als ein rechter Bruder erwiesen. Aber nicht nur in unserem Volk, sondern auf der ganzen Welt ist er bekannt als einer der führenden Männer der Christenheit.

Da ist es also zu verstehen, dass mir das Herz klopft und ich einen Augenblick lang zögere, ehe ich auf die Klingel drücke.

Ein junger Student empfängt meinen Begleiter und mich und führt uns in das Studierzimmer. Man sieht sofort: Hier arbeitet ein stürmischer und universaler Geist.

Berge von Schriftstücken, Büchern und Manuskripten bedecken jede mögliche Fläche. Ein gewaltiger Schreibtischsessel ist geradezu eingemauert in diese Zeugnisse eines unerhörten geistigen Fleißes.

Und dann fällt mein Blick auf das riesengroße Relief, das über dem Schreibtischsessel hängt. Ich erkenne den markanten Kopf, der hier dargestellt ist, sofort. Denn eine Fotografie dieses Kopfes hängt seit langem in meinem Studierzimmer in Essen. Es ist ein Bild von Hans Nielsen Hauge, dem Laienprediger, durch den Gott dem norwegischen Volk eine tief greifende Erweckung geschenkt hat.

Das Bild des Laienpredigers, des Erweckers, über dem Schreibtisch des lutherischen Bischofs! Das ist geradezu ein Programm für die Kirche in Norwegen.

Solche Gedanken füllen das Warten aus. Nun muss er ja wohl kommen. Ich erwarte eine majestätische bischöfliche Erscheinung. Da fegt – ja, ich kann es nur so ausdrücken – da fegt ein kleiner Mann herein in einem gelblichen Anzug. In der einen Hand balanciert er ein Tablett mit Kaffee, in der anderen trägt er eine Tabakspfeife, wie ich sie noch nie gesehen habe. Sie sieht aus, als hätte ein Waldarbeiter sie mit der Axt gezimmert.

Ich denke, das sei ein Bediensteter. Aber da kommt dieser Mann auf mich zu, reicht mir schweigend die Hand, weist mich schweigend in einen Sessel, schenkt mir Kaffee ein und schiebt mir schweigend die Tasse hin.

Das ist also Bischof Berggrav! Schweigend sieht er mich an. Mir wird heiß. Was soll ich jetzt sagen? Da erkläre ich ihm einfach: »Ich wollte Sie mir nur einmal ansehen, Herr Bischof. Ich bin so neugierig.«

Da lacht er und meint: »Das ist eine gute Neugier.« »Ich weiß«, erkläre ich, »dass meine Stellung vor Ihnen nicht gut ist. Ich bin Deutscher. Und Sie und Ihr Volk haben viel Unrecht erlitten durch den Einfall der Deutschen und durch die Besetzung.«

»Wir können unterscheiden zwischen Deutschen und Nazis«, knurrt er.

»Nein!«, sage ich. »Ich bin an dem Unrecht mitschuldig. Wenn ich richtig dem Unrecht widerstanden hätte, wäre ich nicht mehr am Leben. Ich kann mich nicht davon distanzieren: Die Schuld meines Volkes ist meine Schuld.«

»Es ist gut, dass Sie das sagen«, meint er ernst. »Ich war vor kurzem in einem deutschen Hotel. Als der Kellner merkte, dass ich Norweger bin, fing er ganz begeistert an: ›Ich war im Krieg in Norwegen. Das ist ein schönes Land!‹ – Da bin ich aufgestanden und an einen anderen Tisch gegangen. Es kam mir vor, als wenn ein Einbrecher sagte: ›Oh, ich kenne Ihr Haus. Da bin ich einmal eingebrochen. Es ist eine sehr hübsche Wohnung!‹ – Ich glaube, die Deutschen wissen heute noch nicht, was sie im Krieg angerichtet haben …«

Er macht eine Pause. Ich spüre ihm ab, dass er etwas sagen will und sich doch nicht ganz sicher ist, ob er es sagen soll. Offenbar streiten in seinem Herzen rücksichtslose Wahrhaftigkeit und die zarte Liebe, die nicht verletzen will, miteinander. Dann gibt er sich einen Ruck.

»Ich will Ihnen sagen, warum ich den Kaffee selbst hereingebracht habe. Meine alte, treue Hausgehilfin hat mir schroff erklärt: ›Wenn Sie einen Deutschen zu Besuch haben, dann bringen Sie den Kaffee nur selbst hinein. Ich kann es nicht.‹«

Erschrocken schaue ich auf. Und er fährt fort: »Ich bedauere, dass das Christentum dieses Mädchens nicht stärker ist. Aber – man kann es verstehen. Als ich verhaftet wurde, ging man nicht nur auch gegen meine Angestellten vor, sondern sogar gegen deren Angehörige. Meine Hausgehilfin stammt von einem kleinen Bauernhof im Norden an der Grenze von Finnmarken. Da erschien eines Tages SS, verbrannte den Hof, schlachtete das Vieh ab und trieb die Leute in die Wälder …«

Er schwieg. Mir kamen die Tränen in die Augen, als ich mir die entsetzliche Tragödie in den einsamen Wäldern vorstellte. Ich verstand, dass das Mädchen einem Deutschen den Kaffee nicht bringen konnte. Und ich erschrak darüber, wie schnell mein Volk diese furchtbaren Dinge abgeschüttelt und vergessen hat.

Da legte mir der Bischof mit einer unendlich zarten Geste die Hand auf den Arm: »Ich werde meiner Hausangestellten von Ihnen erzählen.«

Nun gebe ich die Hoffnung nicht auf, dass meine Traurigkeit einem armen norwegischen Mädchen helfen kann – zu vergeben.

Die verlorene Tasche

Der Herr Jesus hat einmal eine Geschichte von einem verlorenen Groschen erzählt.

Wenn er heute über die Erde ginge, würde er vielleicht die Geschichte von meiner verlorenen Tasche erzählen. Die Tasche war von gutem, braunem Leder. Und in der Tasche befand sich all das, was ich auf meiner Reise schnell zur Hand haben musste: der Reisepass und meine sonstigen Papiere, der elektrische Rasierapparat und vor allem meine Vortragsmanuskripte.

Verloren hatte ich die Tasche in der norwegischen Stadt Stavanger – genau gesagt: im Kofferraum eines großen Chrysler-Wagens, der als Taxi durch die Straßen von Stavanger fuhr.

Stavanger ist eine entzückende Stadt. Als unser Schiff am Ufer anlegte, war ich hell begeistert. Allerdings hatte ich nicht viel Zeit, mich der Bewunderung des schönen Stadtbilds hinzugeben. Denn am Landeplatz standen allerlei Leute, die mich begrüßen wollten. Ich war auf einer Vortragsreise durch sechzehn norwegische Städte. Jeder neue Tag führte mich in eine andere Stadt. Allmählich kam ich mir vor, als sei ich in einen Wirbel geraten, in dem ich mich selber nicht mehr ganz zurechtfand.

Ein junger Mann ergriff mein Gepäck: den Koffer und die bewusste Tasche. Die ganze Gesellschaft stieg in bereitstehende Autos. Und dann fanden wir uns wieder in einer entzückenden Villa mit Ausblick aufs Meer.

Hier stand ein Frühstück bereit. Reden wurden gehalten. Und ehe ich so richtig zugegriffen hatte, hieß es: »Sie müssen jetzt zu den Oberklassen der höheren Schulen reden. Die versammeln sich im Dom.«

»Gehen Sie nur!«, sagt ein Student. »Steigen Sie in den Wagen! Ich lade Ihr Gepäck in den Kofferraum.« Und dann die Fahrt durch Stavanger. Es gießt in Strömen. Da – der wundervolle Dom!

»Gehen Sie schnell in den Dom!«, mahnt der Student. »Wir haben schon fünf Minuten Verspätung! Die Klassen warten schon. Ich bringe Ihr Gepäck und stelle es in die Sakristei!«

Ich renne durch den Regen in das Portal. Ein Schuldirektor begrüßt mich. Im Chor sitzen viele junge Norweger. Sie haben Deutsch gelernt. Und wenn ich ganz einfach rede und ganz langsam, verstehen sie mich ohne Dolmetscher. So hat mein lieber Freund, Reisebegleiter, Dolmetscher und Manager der ganzen Reise, Nils Seim, einmal eine ruhige Stunde.

Ich komme bald in einen guten Kontakt mit den jungen Menschen. Wir sind uns darin einig, dass die Jugend Europas nach einer festen und glaubwürdigen Wahrheit sucht. Und dann bezeuge ich ihnen den Herrn Jesus, der sagte: »Ich bin der Weg und die Wahrheit und das Leben.«

Die Versammlung ist zu Ende. Trotzdem dauert es noch eine gute Weile, bis der Letzte gegangen ist. Ich werde umdrängt und mit Fragen überschüttet.

Endlich ist es so weit. Erschöpft ziehe ich mich in die Sakristei zurück. »So!«, sagt Nils Seim. »Jetzt gehen wir noch ein wenig ins Hotel. Und dann sind wir zum Essen bei einem der Studienräte eingeladen.«

Mir aber treten die Augen aus dem Kopf: »Wo ist denn meine Tasche?« Der Koffer steht da. Aber die Tasche! Wo ist die Tasche?! Hat der Student sie denn nicht ausgeladen?

Nils Seim zuckt mit den Achseln. »Er wollte sich um das Gepäck kümmern.«

»Wo ist denn der Unglücksmensch?«

»Das weiß ich nicht. Er ist weggegangen.«

Da stehe ich nun: im fremden Land ohne Pass. Und ohne meine Vortragsmanuskripte. Ich fahre mir über das Gesicht: Rasieren sollte ich mich auch. Aber der Apparat ist mit der Tasche fort.

Nils Seim ist leise weggegangen. Ich sitze ganz verzweifelt in einem der schönsten und berühmtesten Dome in einer Bank. Aber die Schönheit lässt mich kalt. Ich bin restlos fertig. Im Geist sehe ich mich auf dem Flugplatz in Oslo stehen – ohne Pass! Heulen könnte ich.

Endlich – nach langer Zeit – erscheint Nils Seim. »So!«, sagt er. »Wir fahren jetzt zum Essen.«

»Und meine Tasche?«, frage ich grimmig.

»Die wird schon wiederkommen!«, meint er beruhigend. Während wir durch die Stadt fahren, berichtet er: »Offenbar hat der Student die Tasche im Kofferraum unseres Taxis stehen lassen. Ich habe den Polizeichef angerufen und ihn gebeten, er möge doch alle Taxi-Unternehmen mobilisieren. Er hat von Ihrem Vortrag schon gewusst und sehr freundlich seine Hilfe zugesagt.« –

Wir sitzen in einem gastlichen norwegischen Haus beim Essen. »Machen Sie sich keine Sorgen«, sagt tröstend mein Gastgeber. »In Stavanger wird nicht gestohlen. »Wirklich nicht?«, frage ich erstaunt.

»Sie können sich drauf verlassen«, meint er.

»Armes Deutschland!«, muss ich denken. So etwas möchte ich von keiner deutschen Stadt behaupten.

Wir brechen auf. Der Gastgeber hat ein Taxi bestellt. Als der Chauffeur hört, dass ich Deutsch spreche, fragt er: »Sind Sie der Herr, der die Tasche verloren hat?«

Ich erstaunt: »Woher wissen Sie?«

Er lacht: »Es gibt keinen Taxifahrer in Stavanger, der nicht nach Ihrer Tasche gesucht hat. Aber sie wurde gefunden. Das Unglück war, dass ausgerechnet der Fahrer, der, ohne eine Ahnung davon zu haben, Ihre Tasche in seinem Kofferraum hatte, gleich nach Ihrer Fahrt in eine Werkstatt gefahren ist. So entging er für zwei Stunden der allgemeinen Kontrolle. Aber jetzt hat man ihn aufgestöbert. Und er wird die Tasche wohl in Ihr Hotel gebracht haben.«

Wirklich: Der Portier kam mir schon entgegen: »Hier ist die verlorene Tasche.«

Da habe ich geschrien vor Freude. Und nun meine ich, wenn der Herr Jesus heute über die Straßen der Erde ginge, würde er die Geschichte von Lukas 15 – die Geschichte von dem verlorenen Groschen – vielleicht so erzählen: »Wo ist ein Pfarrer, der seine Tasche mit wichtigen Papieren verliert, der nicht ganz Stavanger auf den Kopf stellt, bis er sie findet? Und wenn er sie gefunden hat, so ruft er Nils Seim und alle seine Freunde und spricht: Freuet euch mit mir; denn ich habe meine Tasche gefunden, die ich verloren hatte. – Also auch, sage ich euch, wird Freude im Himmel sein über einen Sünder, der Buße tut.«

Der Tröster

Die arme Frau! Unablässig liefen ihr die Tränen über das Gesicht. Man sah ihr an, dass sie unsagbar litt …

»Sie haben ja meinen Mann nicht gekannt. Aber ich muss Ihnen von ihm erzählen. Oh, wie waren wir glücklich zusammen! Die Sterne hätte er für mich vom Himmel geholt, wenn ich ihn darum gebeten hätte. Sehen Sie, hier ist ein Bild von ihm! Das wurde gemacht, als wir zusammen in Bad Eilsen waren …«

Nein! Die Frau war nicht hysterisch. Hier war wirklich ein tödlicher, ungeheilter Schmerz. Die arme Frau! Sie erzählte. Und ich schwieg.

Auf einmal unterbrach sie sich. Das tränenüberströmte Gesicht sah mich verzweifelt an:

»Geben Sie mir doch einen Trost!!«

Ich schwieg.

»Wollen Sie mir denn keinen Trost geben?«

»Ich – ich kann nicht!«

»Aber Sie sind doch Pfarrer. Sie müssen doch einen Trost wissen!«

»Wenn ein Herz wirklich verwundet ist, kann kein Mensch in der weiten Welt trösten.«

Sie schlug die Hände vor das Gesicht. Zwischen den Fingern sah ich ihre entsetzlichen Tränen rinnen. Dann schluchzte sie auf: »Das ist ja furchtbar!«

»Ja, das ist furchtbar!«, bestätigte ich. »Sehen Sie, als ich zum zweiten Mal einen Sohn hergeben musste, empfand ich einen Schmerz, der mich Ihren Schmerz verstehen lässt. Und da kamen viele Leute und sagten mir so genannte trostreiche Worte. Und ich entdeckte zu meinem Schrecken: Die Worte kamen gar nicht an die Wunde meines Herzens. Die blutete ungeheilt weiter.«

»Genauso ist es!«, weinte sie auf. »Und was haben Sie dann getan?«

»Ja, da habe ich eines Tages meine Bibel aufgeschlagen und fand das Wort: ›Jesus spricht: Meinen Frieden gebe ich euch.‹ Da fiel es mir wie Schuppen von den Augen: Es ist einer da, der wirklich trösten kann. Das ist der Herr Jesus. Der lebt ja. Und da bin ich einfach auf meine Knie gefallen und habe gesagt: ›Herr Jesus! Ich verstehe nicht und will auch nicht verstehen, warum dieses Leid über mich gekommen ist. Aber du siehst meinen entsetzlichen Schmerz. Und jetzt bitte ich dich, dass du dein Wort wahr machst und deinen Frieden in meine blutende Herzwunde gibst.‹«

»Und??«, fragte sie atemlos.

»Er hat es getan! Er lügt ja nicht.«

»Was soll ich denn tun?« Ihr Gesicht sah aus, als wenn ihre Augen ganz in der Ferne ein Licht sähen.

»Machen Sie es genauso! Sie haben bisher ohne den Herrn Jesus gelebt. Das können Sie nun nicht mehr. Jetzt müssen Sie ihn suchen, anrufen und finden oder – verzweifeln.«

»Meinen Sie wirklich, dass er trösten kann?«

»Liebe, arme Frau! Das weiß ich. Das habe ich erfahren. Jetzt wartet er auf Sie …«

Die Schale ist schwer genug

Leise machte ich die weiße Tür hinter mir zu. Auf dem hellen Korridor kam mir die Schwester entgegen.

»Da wird es bald zu Ende gehen«, flüsterte sie leise.

Während ich weiterging, war mein Geist immer noch in dem stillen Krankenzimmer. Da lag diese prachtvolle Frau, die als Ärztin ein Leben für andere gelebt hatte.

»Herr Pfarrer«, sagte sie, »es ist sehr, sehr schwer, hier so hilflos zu liegen.«

»Haben Sie Schmerzen?«

»Das auch! Aber – das ist es nicht, was mich quält. Sehen Sie ...« – und auf einmal liefen die hellen Tränen über das gütige, kluge Gesicht – »nach all der Unruhe meines Lebens habe ich jetzt so viel Zeit, über mein Leben nachzudenken. Und da geht mir auf, wie viel ich verkehrt gemacht habe, wie viel ich versäumt habe. Oh, ich werde vor Gott treten mit ganz leeren Händen. Sehen Sie, das ist eine Waage. In der einen Schale liegt das Gewicht dessen, was Gott von mir erwartet hat, als er mich ins Leben rief. Und in der anderen Schale liegt das, was gewesen ist. Und diese Schale ist so leicht – sie schnellt hoch – es ist nichts drin ...«

Immer wieder versuchte sie, die Tränen wegzuwischen. Aber die rannen immer neu über das erschütterte Gesicht.

Und dann – ja, ich kann nur sagen, wie es war – hatte ich etwas wie eine Vision: Ich sah meine eigene Waage in der Hand Gottes. Und – o

Entsetzen! – bei ihr war es genauso. Tief senkte sich die Schale, in der das Gewicht lag: So hatte sich Gott mein Leben gedacht. Und da war die andere Schale. In der lag, was aus meinem Leben geworden war. Ja, diese Schale war zu leicht.

So saß ich nun an diesem Bett. Zwei erschrockene Leute waren wir.

Mechanisch griff ich nach dem Neuen Testament, das auf dem Nachttisch lag. Und mein Blick fiel auf das Wort: »Wer aber keine Leistungen aufzuweisen hat, dafür aber dem sein ganzes Vertrauen schenkt, der sogar Gottlose zum ewigen Leben führen kann, der wird auf Grund seines Glaubens wie ein Gerechter angesehen« (Römer 4,5).

Da wurde es hell. »O liebe Frau Doktor!«, rief ich. »Lassen Sie uns in unsere leere Schale das herrliche Verdienst unseres Heilandes Jesus Christus legen! Das ist genug! Mit dem senkt sich die Schale.«

Bewegt las ich ihr ein paar Mal das Wort vor.

Und dann – ja, dann haben wir unsere Hände gefaltet und dem Sohn Gottes, dem Mann von Golgatha, dafür gedankt, dass er Sünder selig macht, Versager vor Gott gerecht macht – und dass wir an ihn glauben dürfen.

Gott fragt uns nach dem Bruder

Es gibt Erlebnisse, die man am besten ganz für sich behält, um sie für das eigene Leben fruchtbar zu machen. Andere Erlebnisse aber möchte man am liebsten in die Welt hinausschreien. So geht es mir diesmal. Und da ist es wohl gut, wenn ich die Sache hier aufschreibe.

Mein Tag war sehr voll. Ich musste dauernd die Uhr im Auge behalten, damit ich mit allem zurechtkam. Als ich eilig mein Büro verlasse, um einen dringenden Krankenbesuch zu machen, begegne ich auf dem Flur einem jüngeren Mann. Flüchtig sage ich »Guten Tag!« und will weitereilen. Da sieht er mich so merkwürdig an, dass ich stehen bleibe und frage: »Wollen Sie zu mir?«

Ja, jetzt sehe ich erst, wen ich vor mir habe. Ein junger Bergmann ist es, aus dem Schwabenland, der auf der Zeche »unter Tage« arbeitet. Vor einem Jahr etwa war er zum ersten Mal zu mir gekommen in großer innerer Not. Es gehört zu den Ereignissen, die der Verstand nie begreift, wenn – ohne dass ein Mensch eingegriffen hat – ein starker junger Mensch auf einmal vom Geist Gottes angerührt wird, sein Sündenleben im Lichte Gottes sieht, Angst bekommt vor der Hölle und voll Not einen Menschen sucht, der ihm Antwort gibt auf die Frage: »Was soll ich tun, dass ich errettet werde?«

So war er damals zu mir gekommen. Und ich hatte ihm den köstlichsten Helferdienst tun dürfen, den ein Mensch dem anderen tun kann: Ich führte ihn zu Jesus, dem Heiland der Sünder: »Siehe, das ist Gottes Lamm, welches der Welt Sünde trägt.«

Seitdem hatte ich ihn nicht mehr gesprochen. Nur im Gottesdienst sah ich ihn oft.

Und gehört hatte ich von ihm. Es wurde mir berichtet, dass er in dem Ledigen-Heim, in dem er wohnte, einen starken und segensreichen Einfluss auf die Kameraden ausübe.

Da steht er also nun etwas unbeholfen vor mir. »Wollten Sie zu mir?«, frage ich noch einmal.

»Ich hätte Sie gern gesprochen«, antwortet er zögernd. »Aber ich sehe ja, dass Sie keine Zeit haben.«

»Doch, doch!«, erwidere ich schnell. »Steigen Sie nur zu mir in den Wagen. Ich muss bis ans andere Ende der Stadt fahren. Da können wir uns gut unterhalten.« Und dann fahren wir zusammen los. Während ich den Wagen durchs Gewühl steuere, berichtet er, dass er mit einigen jungen Burschen im Wohnheim einen Bibelkreis angefangen habe. Nun seien sie da an eine schwere Stelle im Johannes-Evangelium gekommen. Die müsse ich ihm erklären.

Jetzt habe ich eine gerade Straße vor mir. Da erfordert das Fahren nicht so viel Aufmerksamkeit. So kann ich ihm diese herrliche Bibelstelle erläutern. Er strahlt förmlich auf, als er's begriffen hat.

Inzwischen sind wir an dem Haus angekommen, wo mein Kranker wohnt. Ich mache meinen Besuch. Als ich aus dem Haus herauskomme, sieht mich eine Bekannte und bittet mich, sie in die Stadt mitzunehmen.

Das verhindert ein weiteres geistliches Gespräch mit dem jungen Freund. Aber ich merke während der Fahrt deutlich, dass er noch etwas auf dem Herzen hat. Und als die Frau ausgestiegen ist, bitte ich: »Legen Sie doch mal los mit dem, was Sie jetzt bedrückt.« Dabei fahre ich den Wagen in eine stille Seitenstraße und halte an.

Erregt sprudelt er los. Es ist wie eine Explosion. Aus tiefster Erschütterung kommen die Worte, die sich förmlich überstürzen:

»Heute Morgen sind zwei Bergleute auf unserer Zeche tödlich verunglückt. Einfach zerquetscht wurden sie vom hereinbrechenden Gestein. Und den einen kannte ich. Er hat einige Zeit mit mir zusammengearbeitet. Da hat er oft gespottet über Gott. Und er wusste allerlei Geschichten von Pfarrern. Ich habe dann immer geschwiegen; denn ich dachte, man könne ihm das Evangelium doch nicht klar machen. Und ich fürchtete, er würde nur zornig werden, wenn ich etwas über Gott sagen würde … Und jetzt –«

Ich merke, wie die Stimme meines jungen Freundes zittert. »Jetzt ... ist ... er – in der Ewigkeit ... und ... steht vor ... Gott! Und ich ... ich habe ihn nicht gewarnt. Und ich habe ihm nicht gesagt, wie er errettet werden kann! Ich bin schuldig an ihm!« –

Dann folgt ein langes Schweigen. Was soll ich auch sagen? Er kennt das Kreuz Jesu, wo man Schuld abladen kann. Das aber kommt später. Jetzt ist die Runde des Gerichts, wo unser Herr ihm – und mir, ja auch mir zeigt, wie gerade die Kinder Gottes in ganz besonderer Weise schuldig werden können an ihren Brüdern. Jetzt ergeht es uns wie dem Mann Hiob, der sagte: »Will Gott mit dem Menschen rechten, kann der ihm auf tausend nicht eins antworten.«

»Büffel und Schweine«

Gefängnisse sind mir nicht unbekannt. Ich habe sie nicht nur als Gefangener besucht, sondern auch als freier Mann.

So war ich eine Woche lang in einem großen

Gefängnis, um dort das Evangelium zu verkündigen. Da hat man Männerversammlungen! Wie quälen sich unsere Pfarrer oft mit ihren Männerabenden, wenn da nur fünfzehn oder zwanzig Alte auftauchen! Hier im Gefängnis ist es anders: Da sitzen sie zu Hunderten, Alte und Junge.

Mir fällt dann immer die Geschichte ein von jenem Mann, der spöttisch zu einer Frau sagte: »Nee, in die Kirche gehe ich nicht. Da sind ja bloß Weiber!« Da erwiderte die Frau schlagfertig: »Dann müssen Sie halt ins Gefängnis gehen. Da sitzen die Männer in beachtlicher Zahl.«

Während der Woche, die ich mit meinem Dienst im Gefängnis verbrachte, erlebte ich etwas Wundervolles. Eines Tages kam ein berühmter christlicher Redner und hielt einen Vortrag. Er führte etwa Folgendes aus:

»Ich komme gerade aus Nordafrika. Dort leben ja die Mohammedaner. Und dort hörte ich eine islamische Sage: Mohammed wollte alle Tiere bekehren. Das gelang ihm auch fast. Nur zwei Tiere waren unbekehrbar: die Büffel und die Schweine.« Und nun fuhr der Redner fort: »Ja, so ist es! Die Büffel und die Schweine sind nicht zu retten.« Dann legte er das aus: Die Büffel waren seiner Meinung nach die unbelehrbaren Freidenker, die heute noch mit dem alten Unsinn ankommen: »Die Wissenschaft hat bewiesen, dass es keinen Gott gibt!«, während doch die moderne Atomphysik diesen Standpunkt längst verlassen hat und sich zu Max Planck bekennt, der sagte: »Für die Theologie steht Gott am Anfang, für uns Naturwissenschaftler am Ende aller Erkenntnis.«

Ausführlicher beschäftigte sich der Redner dann mit den Schweinen. Das waren in seinen Augen die Leute, die im sexuellen Bereich die Gebote Gottes missachten. »Es führt kein Weg vom Bordell zum Altar!«, rief er in die still gewordene Männerversammlung hinein.

Die Versammlung war zu Ende. Geleitet und bewacht von den Beamten, verließen die Gefangenen reihenweise die Bänke.

Und da erlebte ich das erste Seltsame. Der Gefängnisleiter verabschiedete den berühmten Redner, dankte ihm und fügte dann – fast schüchtern – die Frage hinzu:

»Übrigens – ich verstehe Sie nicht ganz. Ich lese auch das Neue Testament. Und in meinem Neuen Testament wird erzählt, dass Jesus gekommen ist, die Sünder selig zu machen. Das heißt doch: die Büffel und die Schweine! Ich habe es immer so verstanden, dass dies gerade die Pointe des Evangeliums ist, dass die Büffel und die Schweine errettet werden können.«

Der berühmte Redner winkte ab: »Ja, darüber müsste man sich einmal unterhalten. Aber nun ist es leider zu spät für mich. Ich muss weiter.« Dann ging er. Nachdenklich schaute ich den Gefängnisdirektor an. Ich war noch ganz benommen von der ungeheuren Redegewalt, von der Bildhaftigkeit der Sprache, von der Art, wie er die Männer gefesselt hatte, dass ich mir gar keine Kritik an dem Redner gestattet hätte. Aber – hatte der Direktor nicht Recht?

Nachdenklich ging ich, um mich durch die Arbeitssäle des weitläufigen Gefängnisses führen zu lassen. Und dabei hatte ich das zweite seltsame Erlebnis. Ich kam in einen Saal, in dem viele Männer an Nähmaschinen saßen und irgendwelche Dinge zusammennähten.

Der Wachtmeister kam auf mich zu: »Dort hinten sitzt ein Gefangener, der gern mit Ihnen gesprochen hätte. Vielleicht kann das gleich hier geschehen.« – »Gern!« Und ich ging in die Ecke, wo ein Mann von etwa vierzig Jahren an einer Maschine saß. Als er mich sah, stellte er die Maschine ab und fragte: »Haben Sie die Rede eben auch gehört?«

»Ja!«

»Was halten Sie davon?«

»Nun, der Mann kann reden. Dagegen bin ich nur ein stammelnder Waisenknabe«, sagte ich lachend.

Da winkte er müde ab, während eine ungeheure Traurigkeit über sein Gesicht ging. Und leise sagte er: »Wenn es so steht, dann haben wir doch keine Chance mehr.«

Ich horchte auf: »Sie meinen, dass Sie zu den Büffeln und Schweinen gehören?«

Da sprang er von seinem Stuhl, sah mich eindringlich an und fragte mit ungeheurem Nachdruck: »Sie nicht?«

Langes Schweigen. Dann erklärte ich ihm: »Doch! Ich gehöre auch dazu.«

»Dann haben auch Sie keine Chance!«, sagte er müde und setzte sich wieder.

In dem Augenblick war es mir, als sähe ich den Mann von Golgatha vor mir, von dem es heißt: »Die Strafe liegt auf ihm, auf dass wir Frieden hätten.«

»O lieber Mann!«, rief ich. »Lassen Sie mich die Fortsetzung der Rede von eben machen. Der Redner hatte es so eilig, dass er das Wichtigste nicht mehr sagen konnte. Hören Sie! So sieht es für uns aus: Wir Büffel und Schweine haben keine Chance mehr. Aber Gott hat für uns einen Weg gefunden. Er hat seinen Sohn gegeben. Der hat alle, alle unsere Schuld auf sich genommen, damit wir Büffel und Schweine errettet werden können. Er sprengt die Ketten und macht uns zu befreiten, erlösten Menschen!«

Während ich mich bemühte, ihm das unerhört große Evangelium zu sagen, ging eine Veränderung in dem Mann vor. Sein müdes Gesicht bekam einen wundervollen Schein der Hoffnung. »Ist das wahr?«, fragte er leise.

»Ja, es ist wahr, wir dürfen glauben! Jesus rief die Sünder zu sich und nahm sie an.«

Man erlasse mir das Ende. Nie werde ich diese Stunde im Nähmaschinensaal des großen Gefängnisses vergessen.

Jesus in Berlin

Als ich in meinem Berliner Hotel angekommen war, stellte ich mit Schrecken fest, dass ich im Flugzeug mein kleines Testament hatte liegen lassen.

Das durfte nicht verloren gehen! Mein Hotel lag gleich neben dem Flughafen. So war ich ein paar Minuten später wieder dort, um mein liebes kleines Testament zu suchen, mit dem viele Erinnerungen verbunden sind.

Ein netter Manager nahm sich der Sache an. Er führte mich in ein Büro und nahm den Telefonhörer: »Also, sagen Sie noch mal – um was handelt es sich?«

»Um ein Neues Testament.«

Er machte ein verlegenes Gesicht. Die Sache

war ihm offenbar fremd. Ich erklärte: »Das ist ein Teil der Bibel.«

Verlegenes Achselzucken. So erklärte ich weiter: »Ein kleines Büchlein, in braunes Leder gebunden.«

»Ach so!« Jetzt hellte sich sein Gesicht auf. Er wählte eine Nummer. Und dann hörte ich, wie er erklärte: »Ja ... ein kleines Büchlein in braunem Leder ... Es muss sich um irgendetwas Kirchliches handeln ...«

Ich bekam mein geliebtes Testament wieder. Aber ich war doch erschüttert. »Armes Berlin!«, dachte ich. »So weit ist es mit dir gekommen! So ein Ninive bist du geworden, dass man Gottes Wort nicht einmal dem Namen nach mehr kennt!«

»Irgendetwas Kirchliches ...« Ich wusste nicht, ob ich lachen oder traurig sein sollte.

Und doch bin ich dann bei diesem Aufenthalt, der nur 36 Stunden dauerte, dreimal dem Herrn Jesus begegnet.

Am Abend sollte ich einen Vortrag in der Berliner Stadtmission halten. Am Nachmittag bummelte ich mit einem Freund durch die Stadt, um das Gesicht dieser unheimlich lebendigen und spannungsreichen Stadt zu studieren.

Davon wäre nun viel zu erzählen: von Trümmern und dem schon wieder eleganten Kurfürstendamm; von dem verlassenen Tiergarten und dem belebten Alexanderplatz; von der Sektorengrenze am Potsdamer Platz und dem vornehmen Café Kranzler.

Ja, dort, in dem Café, war es, wo mir der Herr Jesus im Gewühl Berlins begegnete. Wir waren müde, wollten uns ein wenig setzen und einen Kaffee trinken. Leider fanden wir keinen Platz. Da saß alles voll mit eleganten Damen und Herren. Wir wollten schon wieder gehen, da fiel mein Blick auf ein seltsames Bild: Mitten zwischen den Tischchen stand ein junges Mädchen in der Uniform der Heilsarmee und – redete von Jesus. Sie hatte wohl gesammelt, denn in ihrer Hand sah man eine Büchse. Dann hatte wohl jemand sie etwas gefragt. Sie hatte geantwortet. Es kamen neue Fragen. Und nun stand das junge Ding da – verlegen und doch so unendlich sicher – und bezeugte den Heiland. Und von allen Tischen beugten sich die Damen und Herren herüber, um auch etwas zu verstehen.

Das war das erste Mal, dass ich in diesen 36 Stunden Jesus auf der Straße traf. Das zweite Mal war ein wenig später. Da blieb mein Freund plötzlich stehen und zeigte – mitten auf dem Kurfürstendamm – auf eine Schaufensterauslage. Es war keine christliche Buchhandlung. Das sah man gleich. Da war alles ausgestellt, was nur in der letzten Zeit an Büchern erschienen war und Aufsehen erregte. Aber mitten unter den vielen Büchern war ein Platz ausgespart. Der war mit

Goldpapier bedeckt. Und darauf lagen – geradezu feierlich und herausgehoben – drei Bibeln. »Das ist auch Berlin!«, sagte mein Freund.

Das dritte Mal begegnete mir Jesus auf der Straße am Abend. Wir kamen von meinem Vortrag. Ich war sehr müde, und der Weg zum Quartier war weit. So winkten wir ein Taxi heran und stiegen ein. Diesmal war es ein anderer Freund – ich war bei ihm zu Gast. Auf unserer Fahrt kamen wir an einem hell erleuchteten Vergnügungslokal vorbei. Ich machte eine abfällige Bemerkung darüber. Da sagte der Chauffeur, der uns nicht kannte: »Ja, man sollte eben Jesus ganz ernst nehmen und nach seinem Wort leben.« Wer Berlin kennt, der versteht, dass es uns beiden den Atem verschlug. Und mein Freund fragte: »Was sind Sie denn für ein Vogel? Sind Sie katholisch oder Zeuge Jehovas?« Mir tat – offen gestanden – diese Frage weh. Denn daraus sprach doch die Meinung: Wenn man ein offenes Zeugnis vernimmt, dann kommt es aus einem solchen Mund. Einem rechten evangelischen Christen traut man das schon gar nicht zu. So ist es!

Aber der Chauffeur antwortete nur: »Kennen Sie einen katholischen Gott?« Und wiederholte: »Man sollte Jesus ernst nehmen und nach seinem Wort leben.«

Da waren wir am Ziel. Während mein Freund im Schein einer Laterne das Geld zusammensuchte, schüttelte ich dem Chauffeur die Hand: »Ich freue mich, dass ich den Namen meines Herrn hier in Berlin hörte.«

Nun war das Staunen an ihm: »Ja, kennen Sie Jesus?« Und als ich antwortete: »Ich kenne ihn und gehöre ihm«, da freute er sich herzlich.

Jesus beim Straßenbau

Es waren herrliche Sommertage, die ich mit 45 ehrenamtlichen Mitarbeitern in einer kleinen schwäbischen Stadt verbrachte. Wenn meine jungen Männer abends singend durch die Straßen zogen, um zu den Evangelisations-Vorträgen einzuladen, dann öffneten sich die Fenster und Türen. Solch ein Singen war für die lieben Leute etwas ganz Neues.

An einem Morgen schlenderte ich zu dem Hotel, in dem wir frühstückten. Ein klein wenig ärgerte ich mich; denn meine jungen Männer waren wieder nicht rechtzeitig fertig geworden mit Waschen und Anziehen. So ging ich schon mal voraus, um die Wirtin um Geduld zu bitten.

Mein Weg führte an einer Kolonne von Arbeitern vorbei, die eine neue Straße anlegten. Da schnaufte die Dampfwalze, da rasselten die Steine von den Lkw, da klangen Spitzhacken und Schaufeln.

Auf einmal warf einer der Arbeiter seine Schaufel weg, stellte sich mir in den Weg und sagte: »Herr Pfarrer, wenn Ihre Kerle no mol an uns vorbeigehet, ohne dass se singet, no-no-hoiß i Sie älles.« (Für Leute, die kein Schwäbisch verstehen: Er droht mir mit den schrecklichsten Beschimpfungen, wenn meine jungen Männer nicht auch bei ihnen sangen.)

Ich blieb stehen: »Ja, wissen Sie denn auch, was für Lieder wir singen? Wir singen Jesus-Lieder. Und ich weiß nicht, ob …«

»Ja, grad des ischt recht!«, meinte er. Er rief das so laut, dass seine Kameraden es wohl hörten. Und – ich staunte – die nickten zustimmend. Da war mein Ärger weg. Ich lief zurück: »Liebe Männer!«, rief ich, »jetzt gilt's. Jetzt singen wir erst mal bei den Erdarbeitern unsere Lieder! Mag die liebe Wirtin ruhig noch fünf Minuten länger warten!«

Nie werde ich dieses Bild vergessen: Da standen im strahlenden Morgensonnenschein die 45 jungen Männer aus der Großstadt und sangen:

»Ich blicke voll Beugung und Staunen
Hinein in das Meer seiner Gnad'
Und lausche der Botschaft des Friedens,

Die er mir verkündiget hat.
Sein Kreuz bedeckt meine Schuld,
Sein Blut macht hell mich und rein …«

Und da stand die Kolonne der Arbeiter. Hacken und Schaufeln ruhten. Die Dampfwalze hatte ihr Schnaufen eingestellt. Mit Sammlung und Andacht hörten die Männer zu. Und als der Vers kam: »Der Fürst meines Friedens ist nahe …«, da konnte ich nur denken: Ja! In der Tat! Es ist wunderbar, wie nahe er ist!

Nur ein Strich

Silbernes Licht leuchtet über dem Bodensee. Ich habe viele herrliche Seen auf meinen Reisen erlebt … Aber dieses wunderbare silberne Leuchten habe ich nur am Bodensee gefunden.

Wasserburg ist eine Halbinsel, die sich in sanftem Bogen in den See hinausschwingt. Es gibt da einen lauten Landeplatz für die Schiffe. Da wimmelt es von Kurgästen, und aus den Gasthäusern ertönt das Radio.

Es gibt dort aber auch eine alte, kleine Kirche dicht am See. Um die Kirche herum liegt ein Friedhof.

Hier ist es ganz still. In Rot und Blau und Gelb prangen die Blumen auf den Gräbern. Schweigend gehen wir durch die Reihen der Schläfer bis an die niedrige, grün bewachsene Zinnenmauer, die den Friedhof gegen den See abschließt.

Heiß sind die Steine von der Sonne. Es ist schön, seine Arme auf den Mauerrand zu legen und in den Silberglanz hinauszusehen. Es ist ganz still. Nur leise plätschern die Wellen gegen die Steine. Neben mir steht meine Begleiterin, eine Diakonisse. Sie hat mich an diesen wundervollen Platz geführt. Sie kennt ihn von Jugend an; denn nicht weit von hier entfernt steht ihr Elternhaus. Auf einmal zeigt sie in das Wasser unter uns und sagt: »Hier hat sich mein Leben entschieden!«

Ich schaue in das klare Wasser. Und sehe etwas Seltsames: Da liegen alte Grabsteine. In früheren Zeiten hat man wohl, wenn man Platz für neue Gräber brauchte, die alten Steine einfach in den See gestürzt. Da liegen sie nun zwischen den Ufersteinen. Wenn das Wasser klar ist, kann man die Inschriften noch lesen.

Und die Diakonisse erzählt: »Hier habe ich als junges Mädchen einmal gestanden. Mein Blick fiel auf einen der Grabsteine. Der Name war verwittert. Aber die Jahreszahlen waren noch zu lesen: 1789-1821. Und da durchfuhr es mich auf einmal: Der Strich zwischen den zwei Zahlen – das war ein ganzes Menschenleben. Nur ein Strich! Mehr ist unser Leben nicht! Ein Strich zwischen zwei Zahlen – so wenig! Und da ging mir auf, welch eine Verantwortung wir haben – die ungeheure Verantwortung, aus diesem armseligen Strich etwas zu machen … Ja, da habe ich mein Leben dem Heiland übergeben, und ich habe mich entschlossen, dieses arme kleine Leben in seinen Dienst zu stellen. So wurde ich Diakonisse …«

Eine Viertelstunde später gingen wir über den Landeplatz, wo ein fröhliches Gewimmel von Kurgästen war. Es quälte mich der Gedanke: »Wissen die eigentlich, was ihr Leben ist? Ein Strich zwischen zwei Zahlen. Was werden sie aus diesem Strich machen?«

Und ich selbst? Ich begriff, dass es etwas ganz Großes ist, wenn Gott aus diesem armen Strichlein etwas macht »zum Lobe seiner Herrlichkeit«.

Erlebnisse mit Mesnern

Wenn man schon 30 Jahre im Predigtamt steht, hat man mancherlei Mesner, Küster oder Kirchendiener kennen gelernt: freundliche und ruppige; geistliche und ungeistliche; eifrige und solche, deren Kirche verwahrlost war. Lasst mich aus meinen Erinnerungen erzählen:

Als ganz junger Pfarrer fing ich in der Großstadt Essen an. Eines Tages musste ich in der riesigen Kreuzeskirche predigen. Der Mesner öffnete in der Sakristei den Schrank, suchte mit Kennerblick den passenden Talar heraus und fragte dann: »Wollen Sie ein reformiertes oder ein lutherisches Beffchen?« Mir verschlug's den Atem. Richtig, wir waren eine unierte Gemeinde. Da mussten also für Reformierte und Lutheraner Beffchen vorrätig sein. Aber – was der Unterschied war, wusste ich selbst nicht. Einen Augenblick zögerte ich. Sollte ich gleich am ersten Tag meine Unwissenheit zugeben? Dann lachte ich und bekannte: »Es ist mir egal. Dass ich den Heiligen Geist habe, ist mir wichtiger.«

Mit großer Vollmacht erwiderte der Mesner: »Darum kann man bitten.« – »Ja«, sagte ich, »und wenn wir zu zweit bitten, hört es unser Herr besonders gern. Wollen wir es gemeinsam tun?«

Und dann knieten wir nieder. Ich werde das Gebet dieses Mesners nie vergessen. Da spürte man: Es war nicht das erste Mal, dass er für seinen Pfarrer, für dessen Predigt und für die Gemeinde betete. Als wir aufgestanden waren, drückte ich ihm bewegt die Hand. Und es ging mir durch den Sinn: Wie viele Mesner gibt es wohl, die für ihren Pfarrer beten?

Dann erklärte er mir den Unterschied zwischen einem reformierten und einem lutherischen Beffchen. Das war eine interessante Vorlesung, die er seufzend mit den Worten schloss: »Ja, die Herren haben oft eigenartige Wünsche!«

So wird wohl mancher Seufzer aus gepressten Mesnerherzen aufsteigen! Aber den Wunsch, dass einer mit mir beten möchte, hat der alte Küster nicht für einen »eigenartigen Wunsch« gehalten, sondern für einen recht begreiflichen. Und wir haben seitdem jedes Mal zusammen gebetet vor meiner Predigt. Das hat für mich jungen Mann viel bedeutet. Und ich danke ihm für diese stillen Augenblicke über das Grab hinaus.

Ab und zu musste ich auch in der großen Pauluskirche predigen. Die war eigentlich immer schrecklich leer, weil man in diesen riesigen neugotischen Hallen nur sehr schwer verstanden wurde. Dort tat nun ein Mann als Mesner Dienst, den ich besonders liebte, weil er immer fröhlich war. Ich habe ihn nie in schlechter Laune gesehen; denn er nahm die Gotteskindschaft ganz ernst. Er war eine lebendige Illustration zu dem Wort: »Die Freude am Herrn ist eure Stärke.« Der war auch einer von denen, mit denen man vor dem Gottesdienst niederknien konnte.

Nur einen einzigen Kummer hatte er: dass seine geliebte Pauluskirche so schlecht besucht wurde. Aber auch das konnte ihn auf die Dauer nicht bedrücken.

Einmal habe ich ihn aber doch so gesehen, dass er beinahe aus dem Häuschen war vor Freude. Das war an einem Karfreitag. Da war die Kirche bis auf den letzten Platz gefüllt. Und als er vorher zu mir in die Sakristei kam, wünschte er mir den Segen Gottes und fügte hinzu: »Heute gilt's! Heute sind sie mal da!!«

Das ist doch schön, wenn ein Mesner ein solches Interesse an seinem Dienst hat, dass er – wie Nehemia – trauert um die Trümmer Jerusalems und sich freut, wenn die Mauern Jerusalems gebaut werden.

Und jetzt fällt mir jener Kirchendiener ein, den ich in einer niederrheinischen Stadt kennen lernte. Ich hatte dort eine Festpredigt gehalten. Nun begleitete mich der Mesner zur Bahn, weil der Weg schwer zu finden war. Eine Zeit lang ging er schweigend neben mir her. Dann sagte er böse: »Bei Ihnen ist der römische Sauerteig auch noch nicht ganz ausgefegt!«

Verblüfft blieb ich stehen: »Nanu? Sie sind wohl ein Theologe?« Gelassen erwiderte er: »Studiert habe ich nicht. Aber ich lese meine Bibel und immer wieder Calvins Institutio. Und da kann man ja wohl mitreden, wenn's ums Evangelium geht.« Überzeugend machte er mir klar, dass ich das Gesetz und nicht das Evangelium gepredigt hatte. Ich bin damals sehr nachdenklich nach Hause gefahren. Der Mann hatte wirklich Beachtliches zu sagen. Mit Freuden denke ich an ihn zurück; denn es war ihm ein Anliegen, dass in dem Haus, in dem er diente, das klare, helle Evangelium verkündigt würde.

An einen anderen Küster aber denke ich nicht gern zurück. Da war in einer der größten und berühmtesten Kirchen Deutschlands eine »Evangelische Woche«. In der Schlussversammlung sollten Fritz von Bodelschwingh und ich sprechen. Als ich in die vornehme Sakristei trat, schritt mir ein Herr entgegen, den ich zuerst für einen englischen Lord hielt. Seine hochgezogenen Augenbrauen fragten mich: »Was willst du?« Verlegen stammelte ich: »Ich soll hier sprechen. Ich bin Pfarrer Wilhelm Busch aus Essen.« Da musterte er mich vom Kopf bis zu den Füßen und sagte schließlich: »So!?« Dann ließ er mich stehen. Jede Miene sagte: »So ein armer Provinzpfarrer soll sehen, wie er selber fertig wird.«

Die riesige Kirche hatte sich gefüllt. Da kam Bodelschwingh mit seiner Frau abgehetzt an, begrüßte freundlich den Mesner und fragte: »Ist wohl noch irgendwo ein Plätzchen frei für meine Frau?« Der Mesner schüttelte den Kopf. So schleppte Bodelschwingh einen der schweren Sessel in den Gang vor die Sakristei, und ich half ihm dabei. Der Mesner aber betrachtete interessiert unsere Bemühungen. Und als ich mit Bodelschwingh auf der Kanzeltreppe Platz nahm, verzog er verächtlich den Mund. Und das hieß ja wohl: So was tut kein feiner Pfarrer. Da haben wir beide uns wirklich geniert …

Nun muss ich noch ein wenig von meinem letzten Mesner erzählen. Als er bei mir anfing, war er ein »christlicher« Mann. Aber als er in meinem Jugendkreis die Gebetsstunden mitmachte, erkannte er, dass er noch keine Ahnung hatte von einem wirklichen Leben aus Gott. Und da hat er sich nun von Herzen bekehrt. Und weil seitdem sein Herz für den Herrn Jesus brennt, ist ihm keine Arbeit zu viel.

Und Arbeit gibt's bei uns! Wir haben die Gottesdienste in einem Saal, in dem auch die ganze Jugendarbeit stattfindet – auch samstags bis zum späten Abend. Da muss er oft bis in die Nacht hinein arbeiten, damit alles ordentlich und sauber ist, wenn die Leute am Sonntag kommen.

Und wenn die Leute herbeiströmen, dann fängt sein Dienst als Platzanweiser an. Denn die Stühle stehen eng, und es gibt keine Ordnung, wenn er nicht eingreift. Immer wieder späht er, wo noch ein Stuhl frei ist. Und dann führt er die Leute dorthin. Und wenn's voll ist, verteilt er weise die Stehplätze. Ja, er kennt seine Leute allmählich. Für den dicken Herrn, der immer zu spät kommt, hat er schon ein Bänkchen draußen bereitstehen. Und die beiden schwerhörigen alten Fräulein bekommen garantiert ihren Platz vorne freigehalten.

Wenn dann alle untergebracht sind, steht er an der Tür. Nein! Für ihn selbst ist kein Platz mehr. Da steht er und – ja, nun wird der eifrige Mann ganz still und hört zu. Es ist eine Freude, ihn zuhören zu sehen. Er weiß: Ich brauche Gottes Wort so nötig wie jeder andere hier.

Der große Prediger Spurgeon hat einmal in einer gewaltigen Predigt über die Sintflut gesagt: »Als die Wasser stiegen, kam vielleicht einer der Bauleute, die dem Noah beim Bau der Arche geholfen hatten, geschwommen und rief: Noah, mach doch auf! Ich habe doch mitgeholfen! Und dann rief der Noah aus der Arche: Jawohl, du hast mitgeholfen. Aber du gingst nicht in die Arche, als es noch Zeit war. Nun hat Gott zugeschlossen, und ich kann nicht mehr aufmachen.« Und dann fährt Spurgeon fort: »Man kann als Mesner oder Pfarrer beteiligt sein am Bau des Reiches Gottes und an der Errettung von Menschen – und doch selbst verloren gehen.«

Das sollten wir immer bedenken, Mesner und

Pfarrer – und alle anderen, die in besonderer Weise Dienst tun in der Gemeinde des Herrn.

Dämonen in der Silvesternacht

Es ist 23.45 Uhr. Zwei Dämonen … Halt, das muss ich eben erklären. Die Bibel sagt, dass es Dämonen gibt, »böse Geister unter dem Himmel«. Sie sagt uns nicht viel über sie. Darum darf ich meiner Phantasie wohl einmal freien Lauf lassen.

Also zwei Dämonen treffen sich auf einer Großstadtstraße. Niemand sieht sie. Interessiert beobachten die beiden den Eingang eines großen, eleganten Restaurants, wo es lebhaft aus- und eingeht.

Auf einmal schrecken sie zusammen. Irgendwo kracht eine Rakete in die Luft. Und gleich darauf schmeißt lachend ein junger Mann ein Bündel prasselnder Knallfrösche auf das Pflaster.

»Sind wir denn in China?«, fragt der eine Dämon erschrocken. »Dort haben sie in der Neujahrsnacht doch immer ein schreckliches Feuerwerksgetöse gemacht.«

»Ja, das machen die Chinesen, um uns zu vertreiben. Ha-ha-ha …! Als wenn man uns mit Feuerwerkskörpern vertreiben könnte!«

»Da müsste schon ein stärkeres Geschütz kommen«, fügt der andere hinzu. »Uns vertreibt nur ein Einziges: der Name … der Name – den ich nicht aussprechen kann.

Aber warum wollen diese westeuropäischen Leute uns vertreiben? Die glauben doch nicht einmal, dass wir existieren. Warum in aller Welt machen die Narren so'n Feuerwerk?«

In diesem Augenblick fangen die Glocken der nahen Kirche an zu läuten und rufen zum nächtlichen Gottesdienst. Vor der Kirche hat sich ein Posaunenchor aufgestellt. Und in das Glockenläuten mischen sich nun die Klänge des Chorals:

»Nun lasst uns gehn und treten
mit Singen und mit Beten
zum Herrn …«

Schweigend hören die Dämonen zu. Dann sagt der eine seufzend: »Für diese Menschen gibt es tatsächlich eine Erlösung. Für uns nicht. Wir können den Namen nicht aussprechen, von dem es in der Bibel heißt: ›Wer diesen Namen anruft, soll selig werden.‹ Für diese Menschen gibt es tatsächlich eine Erlösung.«

»Haha!«, lacht der andere. »Und diese Narren pfeifen drauf. Noch gehören sie uns. Und gerade die Silvesternacht ist recht geeignet, sie von dieser Erlösung abzulenken und neu unter unsere Herrschaft zu bringen. Los, los, an die Arbeit! Du weißt, was jeder von uns zu tun hat. Du heizt die Sexualität ein. Und ich sorge für den Alkoholismus. Sie werden schon nach unserer Pfeife tanzen. Und in Ewigkeit Unerlöste bleiben …«

In diesem Augenblick schlägt es vom Kirchturm 12 Uhr. Ein ohrenbetäubender Lärm, das Krachen und Schmettern von Tausenden von Feuerwerkskörpern geht in der ganzen Stadt los. Betrunkenes Rufen und Schreien …

»Das gibt reiche Beute für uns!«, ruft der eine der Dämonen. »Los, ans Werk!«

Da tönt aus der Kirche der Choral:

»Jesus soll die Losung sein,
da ein neues Jahr erschienen,
Jesu Name soll allein …«

Schaudernd und erschrocken jagen die beiden Dämonen durch die Tür des Restaurants. Gläserklingen und Geschrei begrüßen sie. Hier sind sie sicher vor dem Namen, der errettet.

Bücher von Wilhelm Busch bei CLV

Aus dieser Reihe sind erschienen:

Band 1: **Kleine Erzählungen**
ISBN: 3-89397-665-5 (978-3-89397-665-2)
Band 2: **Man muss doch darüber sprechen**
ISBN: 3-89397-666-3 (978-3-89397-666-9)
Band 3: **Variationen über ein Thema**
ISBN: 3-89397-667-1 (978-3-89397-667-6)
Band 4: **Leben ohne Alltag**
ISBN: 3-89397-668-X (978-3-89397-668-3)
Band 5: **Unter Menschen**
ISBN: 3-89397-669-8 (978-3-89397-669-0)

Die Wilhelm-Busch-Bibliothek
13 Bücher, gebunden, je Band 96-320 Seiten
ISBN: 3-89397-681-7 (978-3-89397-681-2)

Plaudereien in meinem Studierzimmer
Paperback, 304 Seiten
ISBN: 3-89397-969-7 (978-3-89397-969-1)

Jesus – unser Schicksal (SpecialEdition)
Taschenbuch, 128 Seiten
ISBN: 3-89397-573-X (978-3-89397-573-0)

Jesus – unsere Chance!
Taschenbuch, 160 Seiten
ISBN: 3-89397-770-8 (978-3-89397-770-3)

Ferner sind verschiedene **Vortrags-CDs** erhältlich.